Falken + ASS
Spiel - Hobby - Spaß

Theo Schuster

spielend Schach lernen

Falken-Verlag · Niedernhausen/Taunus
ASS-Spiele · Leinfelden

Gesamtherstellung: Konkordia GmbH, Bühl
Falken-Bestellnummer: ISBN 3 8068 2002 3
ASS-Bestellnummer: 9023/5

8 7 6 5 4

Inhalt

Schach, das »Königliche Spiel«

Kein anderes Spiel ist so weit verbreitet und so populär auf der ganzen Welt wie das Schachspiel. Auch in Deutschland hat es über eine Million Menschen in seinen Bann gezogen und gewinnt immer neue Anhänger.
Es macht Vergüngen, auf dem Schachbrett zu kämpfen, sich wieder und wieder neue Züge auszudenken und zu versuchen, die Reaktionen des Gegners vorherzusehen. Jede Partie verläuft wieder anders und ständig gibt es neue Situationen, auf die es sich einzustellen gilt. Darin liegt ein besonderer Reiz dieses Spiels. Dabei ist es keinesfalls so, daß man überaus intelligent sein müßte, um Schach zu lernen. Übung macht auch hier den Meister. Außerdem läßt sich immer wieder ein Spielpartner finden, der noch weniger gut spielt als man selber.
Zum Erlernen des Spiels ist man nie zu alt. Aber es ist gut, wenn man es in jungen Jahren lernt, denn Schach fördert die Konzentrationsfähigkeit, das Erinnerungsvermögen, das Denkvermögen . . .
Die vorliegende Anleitung will Sie, lieber Leser, nun in die Grundregeln des Schachspiels einführen und das soll »spielend« geschehen. Im Gegensatz zu anderen Einführungen und Lehrbüchern, haben wir bewußt die neue Form der programmierten Unterweisung gewählt. Bereits das Lernen soll Ihnen Spaß machen und Sie sollten die Möglichkeit haben, Ihre Fortschritte im Frage- und Antwortspiel selbst zu messen und zu testen.
Die Eröffnungstabellen geben Ihnen wichtige Informationen darüber, wie man die Schachpartie eröffnen kann. Das Nachspielen gerade dieser Rubriken wird Sie vom Lernenden zum Schachamateur führen.
Was im Schach ganz besondere Freude macht, bringt das Kapitel über das Mittelspiel, wo Kombinationsmöglichkeiten die Fantasie beflügeln dürfen. Dieser Abschnitt wird Sie, gleich, ob Lernender oder Fortgeschrittener (auch im Schach lernt man niemals aus!), mit den schöpferischen Möglichkeiten der Schachkunst vertraut machen. Die Kurzpartien aus der Praxis vermitteln Ihnen ein wenig Strategie und Taktik, damit auch Sie möglichst bald Ihre erste Schachpartie erfolgreich durchführen können.

Spielvorbereitungen

Die Spieler

Schach ist ein Brettspiel, das zwischen zwei Gegnern ausgetragen wird. Sie brauchen also zunächst einmal einen Mitspieler, gegen den Sie spielen können. Sie finden ihn im Familien- oder Freundeskreis oder auch im Betrieb, wo es vielleicht eine Firmenschachgruppe gibt. Später werden Sie sich wohl einem örtlichen Schachverein anschließen wollen. Aber wohin wenden? Ein guter Rat für den, der eine Spielmöglichkeit sucht, sei deshalb gleich hier gesagt: Rufen Sie einfach Ihre lokale Zeitungsredaktion an! Dort weiß man besser Bescheid, als in jedem Verkehrsamt.
Außerdem benötigen Sie ein Schachbrett und Schachsteine. Beides wollen wir uns gleich noch genauer ansehen. Zunächst aber wollen wir festhalten, daß der eine Spieler helle Steine bekommt und der andere Spieler dunkle Steine, damit man die beiden »feindlichen Heere« besser voneinander unterscheiden kann, wenn sie auf dem Schachbrett gegeneinander kämpfen. Meist benutzt man die beiden Farben Schwarz und Weiß und bezeichnet dann auch die Parteien nach ihren Steinen als »Schwarz« oder »Weiß«. Der Zuschauer oder Berichterstatter wird also zum Beispiel sagen: »Weiß ist am Zuge«, oder: »Schwarz hat gewonnen«.

Das Schachbrett

Das Schachbrett — es wird in der Regel aus Holz, Linoleum oder Pappe sein — hat acht senkrechte und acht waagrechte Reihen von Feldern, die abwechselnd hell und dunkel sind. Insgesamt umfaßt es also 64 Felder, je zur Hälfte hell und dunkel. Die dunklen Felder sind in unseren Abbildungen schraffiert dargestellt. Die abwechselnde Anordnung in helle und dunkle Felder erleichtert die Unterscheidung der einzelnen Züge und hat also rein optische Gründe.
Die waagrechten Reihen werden mit den Zahlen 1 bis 8 beziffert, die Reihe mit der Ziffer 1 von links nach rechts wird als die »1. Reihe«, die Reihe mit der Ziffer 7 wird als die »7. Reihe« bezeichnet.
Die senkrechten Reihen oder Kolonnen nennt der Schachspieler allerdings

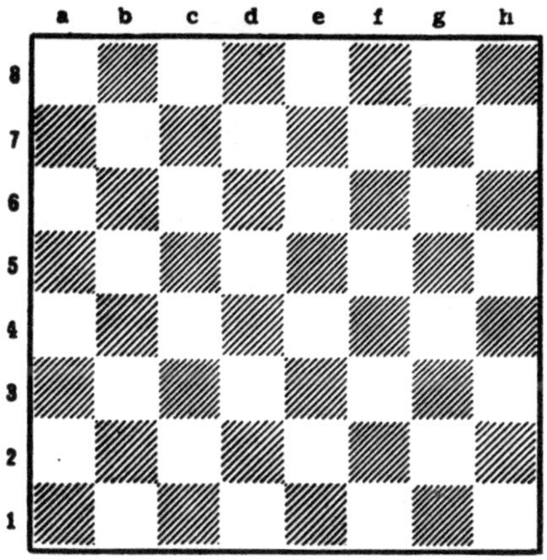

»Linien« und kennzeichnet sie mit den Buchtsaben a bis h. Die Linie von a1 bis a8 wird die »a-Linie« genannt, die Linie von e1 bis e8 ist die »e-Linie«, die Linie von h1 bis h8 ist die »h-Linie«.
Durch diese Kombination von Buchstaben und Zahlen kann jedes der 64 Felder genau bezeichnet werden, und man kann leicht irgendwelche Züge nachbeschreiben.
Das Schachbrett wird so aufgelegt, daß sich an der linken Ecke vor jedem Spieler ein dunkles Feld befindet. Wird das Brett falsch aufgelegt, so daß in der linken Ecke ein helles Feld ist, dann ist eine Partie nach den Regeln des Weltschachbundes irregulär.
In unseren Abbildungen wollen wir — wie es allgemein in der Schachliteratur üblich ist — davon ausgehen, daß die weiße Partei unten und die schwarze Partei oben sitzt. Bei Schachbrettern mit Zahlen und Ziffern am Rande ist es üblich, daß unten beim Spieler Weiß die Zahlen mit 1 beginnen und nach oben bis 8 laufen. Das linke Eckfeld hat also die Bezeichnung a1 bei Weiß und h8 bei Schwarz. Liegt das Brett so, daß bei Weiß links das Feld h8 liegt, dann liegt es auch so richtig. Denn noch immer haben wir als linkes Eckfeld ein dunkles, auch wenn es nicht a1 heißt, sondern jetzt h8. Geübte Spieler sehen nicht mehr nach den Zahlen und Buchstaben. In der Regel aber empfiehlt es sich, das Brett nicht nur nach dem richtigen Eckfeld, sondern auch so aufzulegen, daß bei Weiß die Feldbeschreibung — allgemein »Notation« genannt — mit 1 und a beginnt.

Die Steine

Schach ist ein strategisches Spiel. Und so stehen sich auf dem Schachbrett zwei feindliche »Armeen« gegenüber, die weiße und die schwarze Armee. Jede der beiden Parteien besitzt in der Ausgangsposition, also zu Beginn des Spieles, diese 16 Steine, die seine Armee darstellen:

	Als Bild		In der Notation
Einen König	♔	♚	K
Eine Dame	♕	♛	D
Zwei Türme	♖	♜	T
Zwei Läufer	♗	♝	L
Zwei Springer	♘	♞	S
Acht Bauern	♙	♟	Ohne Zeichen

Die wichtigen Steine, nämlich König, Dame, Turm, Läufer und Springer, nennt man »Figuren«, die übrigen acht Steine sind Bauern. Die Dame nennt man gelegentlich auch »Königin«, den Springer nennt man auch »Pferd« oder »Rössel«.

Die Grundstellung

Nehmen Sie nun bitte die weißen und schwarzen Steine und stellen Sie sie auf, wie es die Abbildung zeigt:

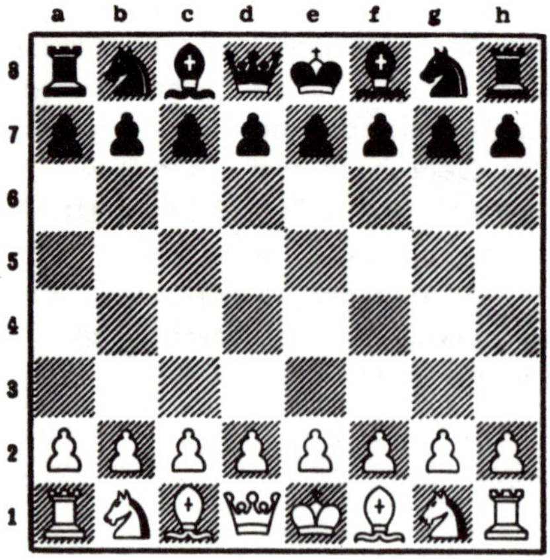

oben: Schwarz
unten: Weiß

Die Figuren kommen auf die Felder der ersten Reihe, die Bauern davor in die zweite Reihe. Die Grundstellung der Figuren lernt man rasch: Auf den Eckfeldern stehen die Türme, dann folgen von beiden Seiten zur Mitte her die Springer, dann die Läufer, und zuletzt in der Mitte das Königspaar. Für die richtige Aufstellung der beiden wichtigsten und stärksten Figuren gilt der Merksatz:
weiße Dame = weißes Feld; schwarze Dame = schwarzes Feld.
Das falsche Aufstellen von König und Dame kommt auch bei routinierten Spielern deswegen vor, weil sich die Figuren oft ähnlich sehen; in freien Partien ist es üblich, die versehentlich falsche Aufstellung während des Spiels einfach zu korrigieren.
Die schwarzen Steine stehen den weißen genau gegenüber: auf der 8. Reihe stehen die Figuren, auf der 7. Reihe die Bauern.

Test 1

An dieser Stelle wollen wir zunächst einmal unseren ersten Test einlegen. Noch sind die Antworten leicht zu geben, aber nehmen Sie es bitte nicht zu leicht. Diese Grundbegriffe sollten Sie »im Schlaf« beherrschen.

Fragen:

1. Wie liegt das Schachbrett richtig: muß in der linken Ecke vor Ihnen ein dunkles oder helles Feld liegen?
2. Wie nennt man die zwei Parteien, die gegeneinander spielen?
3. Wieviel Felder hat ein Schachbrett?
4. Wie nennt man die Senkrechten, wie die Waagrechten?
5. Wieviel Steine hat jede Partei, wieviel Figuren?
6. Steht die weiße Dame in der Grundstellung auf einem hellen oder dunklen Feld?
7. Wie lautet die Reihenfolge der drei ersten Figuren von jeder der vier Ecken aus gesehen?

Antworten:

1. Links muß ein dunkles Feld liegen.
2. Weiß und Schwarz.
3. 8 × 8 = 64 Felder, 32 helle und 32 dunkle Felder.
4. Die Senkrechten werden »Linien« genannt, die Waagrechten »Reihen«.
5. Jede Partei hat 16 Steine, und zwar 8 Figuren und 8 Bauern.
6. Weiße Dame = weißes Feld; schwarze Dame = schwarzes Feld.
7. Turm-Springer-Läufer.

Das Spiel kann beginnen

Das Ziel der Schachpartie

Jeder Stein kann sich nach genau festgelegten Regeln auf dem Schachbrett bewegen oder ziehen, wie man sagt. Das Ziehen erfolgt abwechselnd zwischen den beiden Parteien. Ziel des ganzen Spiels ist es, den gegnerischen König gefangen zu nehmen. Gelingt es einem Spieler, den König des anderen so zu umzingeln oder zu bedrängen, daß er keinen Ausweg mehr hat, so ist der König »matt« und die Partie ist entschieden, das heißt also gewonnen.
Das Mattsetzen des Königs kann durch direkten Angriff auf den gegnerischen König erfolgen, oder durch allmähliche materielle Schwächung der anderen Partei erreicht werden. Man kann nämlich Figuren und Bauern des Gegners rauben, oder wie man beim Schach sagt: »schlagen«.
Einen gegnerischen Stein schlägt man, indem man seinen Stein auf das von diesem besetzte Feld zieht. Der gegnerische Stein wird dann vom Brett gestellt. Auch das Schlagen erfolgt wie das Ziehen nach bestimmten Regeln. Wir werden diese Bewegungsregeln für jeden einzelnen Stein bald genau kennenlernen.
Der König muß jeder Bedrohung ausweichen, sich also verteidigen solange er kann. Bedroht ist er, wenn ein feindlicher Stein auf ein Feld zieht, von dem aus dieser Stein im nächsten Zug den König theoretisch schlagen könnte. Man sagt: dem König wird »Schach« geboten oder: der König steht im »Schach«. Er ist aber noch nicht »schachmatt«, solange er sich aus dem Schachgebot befreien kann.
Es gehört zum Ritual des Schachspiels, daß ein mattgesetzter König nicht geschlagen, also nicht vom Brett genommen wird; es genügt, daß der König der Gefangennahme nicht mehr entgehen kann. Der Spieler, dessen König matt ist, gibt sich geschlagen und reicht seinem Gegner die Hand als Zeichen der Aufgabe der Partie.
Bei Turnierspielen zählt der Gewinn einer Partie einen Punkt, der Verlierer erhält eine Null in der Tabelle; bei Unentschieden, »Remis« genannt, wird der Punkt geteilt, jeder Spieler erhält also einen halben Punkt.

Wer eröffnet das Spiel?

Weiß beginnt stets das Spiel und führt den ersten Zug aus. Vor Beginn einer Partie muß deshalb bestimmt werden, wer die weißen Steine erhält.
Gewöhnlich wird darum gelost: ein Spieler hält in den geschlossenen Fäusten einen weißen und einen schwarzen Bauern und läßt den Gegner »rechts« oder »links« wählen. Man kann aber auch aus Höflichkeit seinem Gast oder seiner Partnerin die weißen Steine, und damit den ersten Zug, freiwillig überlassen. In der nächsten Partie werden dann die Farben gewechselt. Beim Turnier wird durch die Auslosung der Spieler automatisch gleich mitbestimmt, wer gegen wen Weiß oder Schwarz hat.
Weiß beginnt also mit dem ersten Zug; danach zieht Schwarz. In der Folge wird immer abwechselnd gezogen, einmal von Weiß, dann von Schwarz. Zu einem kompletten Zug gehört also ein weißer und ein schwarzer Zug.
Die Regeln, nach denen Schach gespielt wird, hat der Weltschachbund (Fédération Internationale d'Echec = FIDE) festgelegt. Der FIDE gehören 90 Nationen an, diese Regeln sind also in der ganzen Welt anerkannt. Über die Ausführung eines Zuges heißt es: Ein Zug ist dann vollendet, sobald ein Stein von einem Feld auf ein anderes gesetzt wurde und der Spieler den Stein losgelassen hat.
Das Ziehen ist übrigens Pflicht. Ein Spieler darf also nicht auf seinen Zug verzichten, wenn die Reihe an ihm ist. Hat ein Spieler nur eine Zugmöglichkeit, so muß er diesen Zug auch dann ausführen, wenn er zu seinem Nachteil ist.

Der erste Zug

Für den ersten Zug müssen wir uns zunächst einmal die Grundregeln klarmachen, nach denen die einzelnen Steine ziehen können:
Die Bauern können nur vorwärts in Richtung auf den Gegner hin bewegt werden und niemals zurück. Alle übrigen Steine aber können nach Belieben vorwärts und rückwärts ziehen. Aus der Grundstellung heraus darf jeder Bauer wahlweise um ein oder zwei Felder vorrücken, später nur noch um jeweils ein Feld.
Die anderen Steine haben größere Bewegungsfreiheit, aber eines dürfen sie — mit Ausnahme des Springers — alle nicht: einen anderen Stein überspringen, sei es nun ein eigener oder fremder. Eine weitere Ausnahme dieser Regel, die Rochade, lernen wir später noch kennen, sie kommt aber für den ersten Zug ohnehin nicht in Frage.

Wenn Sie nun Ihr Schachbrett mit den in Grundstellung stehenden Steinen betrachten, sehen Sie, daß der erste Zug entweder mit einem Bauern oder mit einem Springer gemacht werden kann. Sie können mit jedem beliebigen Bauern eröffnen, doch nimmt man gewöhnlich einen aus der Mitte, um den dahinter stehenden Figuren den Weg nach vorne zu öffnen. Auf unserem Bild haben Weiß und Schwarz ihren ersten Zug gemacht. Beide haben den Königsbauern gezogen, den Bauern also, der vor dem König stand:

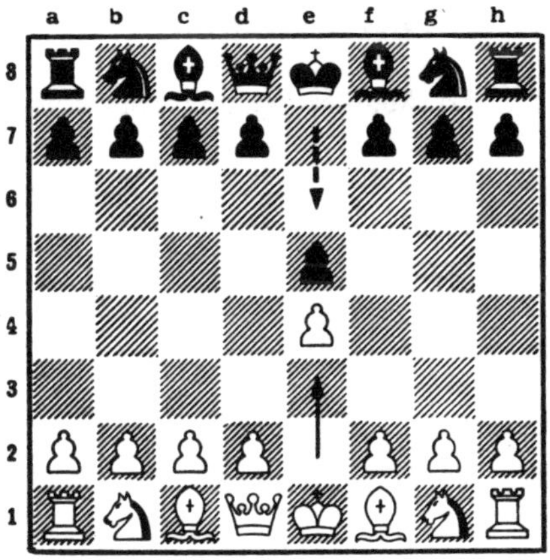

Test 2

Fragen:
1. Wer macht den ersten Zug, Weiß oder Schwarz?
2. Darf ein König, der keinen Zug mehr hat, geschlagen und vom Brett genommen werden?
3. Kann ein Spieler, der am Zuge ist, auf die Ausführung des Zuges verzichten?
4. Ein Spieler hat nur eine Zugmöglichkeit, die ihm außerdem Nachteile bringt. Muß er den Zug trotzdem ausführen?
5. Mit welchen Steinen kann man den Eröffnungszug machen?
6. Kann ein Turm über einen eigenen Stein springen?
7. Was versteht man unter dem Königsbauern?

Antworten:
1. Weiß hat grundsätzlich den ersten Zug.
2. Nein.
3. Nein, es besteht Zugzwang.
4. Ja.
5. Mit einem der acht Bauern oder einem der beiden Springer.
6. Nein, es sei denn bei der Rochade, die wir aber erst später kennenlernen werden.
7. Der Königsbauer ist der Bauer, der in der Grundstellung vor dem König steht.

Anmerkung zu 3. und 4.: Ein Spieler kann dann auf die Ausführung eines Zuges verzichten, wenn er die Partie aufgibt, sich also geschlagen bekennt.

Wie die Steine ziehen

Der Bauer

Die verschiedenen Steine beim Schach haben auch verschiedene Möglichkeiten des Ziehens. Die Bauern sind in ihrer Bewegungsfreiheit am meisten eingeschränkt, sie sind das »Fußvolk« des Schachspiels. Vier wesentliche Punkte sind es, in denen sich der Bauer von den Figuren unterscheidet:

1. Der Bauer bewegt sich nur vorwärts, nie zurück.
2. Der Bauer schlägt anders als er zieht. Er zieht nur geradeaus, schlägt aber schräg.
3. Wenn ein Bauer die letzte Reihe erreicht hat, also die Reihe, in der bei der Grundstellung die Figuren des Gegners gestanden haben, so muß er sofort in eine beliebige Figur derselben Farbe umgewandelt werden, ausgenommen natürlich in einen König.
4. Der Bauer kann »im Vorbeigehen« schlagen, auch »en passant« (französisch) genannt.

Durch die Möglichkeit einer späteren Umwandlung in eine Figur, zum Beispiel in eine Dame, gewinnt der Bauer eine zusätzliche Bedeutung. Man sagt: er trägt den »Marschallstab im Tornister«. Schon allein dieser Möglichkeit wegen, und weil er ja niemals zurückziehen kann, sollte man einen Bauernzug sorgfältig erwägen.
Zum richtigen Eröffnen einer Schachpartie genügt es, nur die notwendigen zwei bis drei Bauernzüge zu machen, um den Figuren freie Bahn und damit Operationsmöglichkeiten zu geben.
Aus der Grundstellung der 2. und 7. Reihe heraus darf jeder Bauer wahlweise um einen oder um zwei Schritte gezogen werden, auf dem weiteren Wege jeweils nur noch um einen Schritt. Man darf aber nicht im ersten Zug zwei Bauern gleichzeitig um je einen Schritt vorziehen; das ist ein weitverbreiteter Irrtum.
Die beiden Diagramme zeigen das Ziehen und das Schlagen der Bauern. Die drei Bauern auf der Grundstellung im linken Diagramm, zwei weiße und ein schwarzer, dürfen um ein oder um zwei Felder ziehen. Der schwarze Bauer auf f6 hat bereits um ein Feld gezogen und darf von nun an nur noch um ein Feld weiterziehen.
Schlägt ein Bauer, so bewegt er sich schräg vorwärts um ein Feld, und

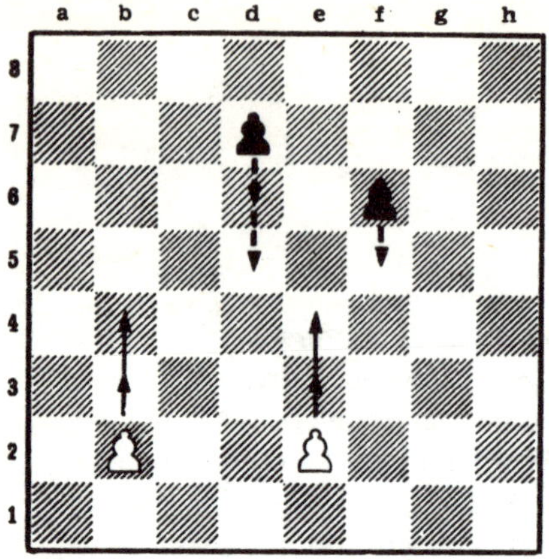

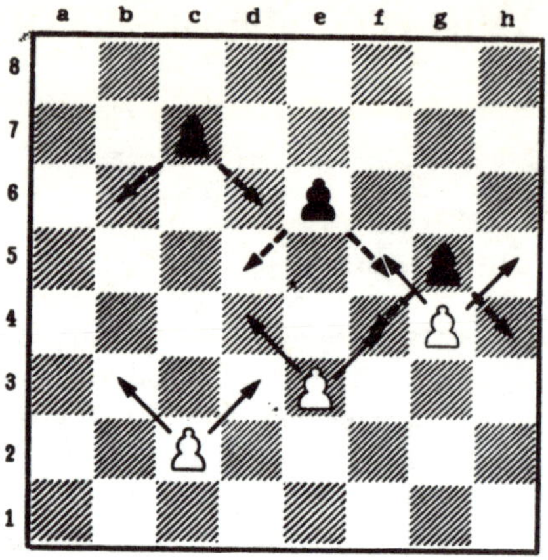

zwar nach links oder rechts. Auf dem rechten Stellungsbild hat kein Bauer die Möglichkeit zum Schlagen. Alle Bauern beherrschen aber mit ihrer Wirkungskraft die Felder, die von den Pfeilen markiert sind.
Über das Schlagen und das Schlagen im Vorbeigehen, sowie über die Bauernumwandlung werden wir noch im einzelnen zu reden haben.

Der Turm

Der Turm bewegt sich nur auf den Geraden. Der Turm kann vorwärts, rückwärts und seitwärts bewegt werden, aber niemals schräg über die Diagonalen. Er kann mit einem Zug über beliebig viele Felder rücken, solange er

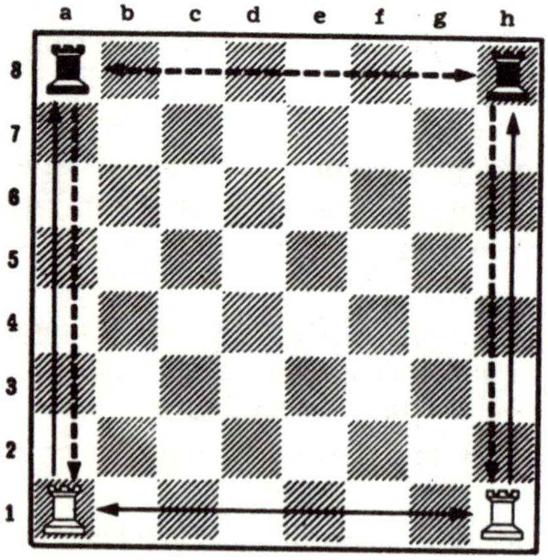

nicht auf einen anderen Stein stößt. Er kann also nur freie Strecken zurücklegen, eigene oder fremde Steine überspringen kann und darf er nicht. Steht ein gegnerischer Stein in seiner Reichweite, so kann er ihn schlagen, indem er auf dessen Feld zieht und ihn vom Brett stellt.

Auf unserem Bild stehen alle vier Türme noch in der Ausgangsstellung. Sie können waagrecht auf der 1. und 8. Reihe oder senkrecht auf der a- oder der h-Linie bewegt werden, und zwar auf beliebig vielen Feldern; nur dürfen sie sich nicht selbst schlagen. Der weiße Turm auf a1 kann auf der a-Linie sieben verschiedene Züge ausführen; er könnte dabei auch den schwarzen Turm auf a8 schlagen. Ebenso könnte der Turm von a1 aus sechs weitere Züge von a1 bis g1 ausführen; im ersten Zug könnte er etwa nach b1, im folgenden Zug von b1 nach d1, oder auch gleich in einem Zug von a1 nach g1 ziehen. Zieht der Turm von a1 nach d1, so beherrscht er von dort aus sämtliche freien Felder der 1. Reihe, aber auch sämtliche freien Felder der d-Linie von d1 bis nach d8. Für die schwarzen Türme gilt Entsprechendes.

Der Läufer

Der Läufer zieht nur auf den Schrägen, auch Diagonalen genannt. Diese Diagonalen führen keine besondere Bezeichnung wie etwa die Reihen und Linien. Wir wissen ja bereits, daß durch die Kombination von Buchstabe und Zahl jedes der 64 Felder genau bezeichnet werden kann. Eine Kennzeichnung der Diagonalen ist deshalb unnötig.

Jede Partei besitzt bekanntlich zwei Läufer. In der Grundstellung steht ein

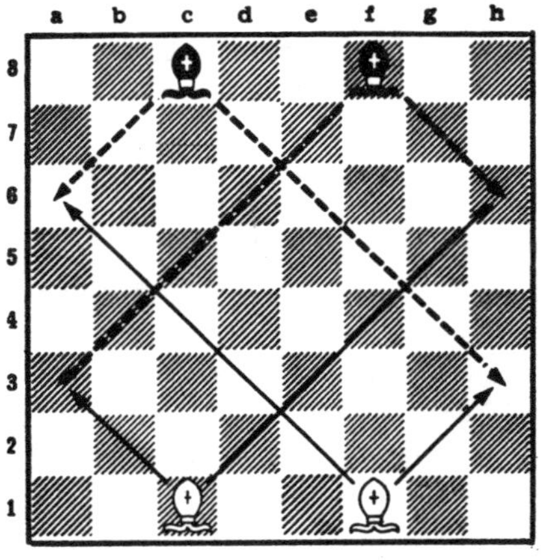

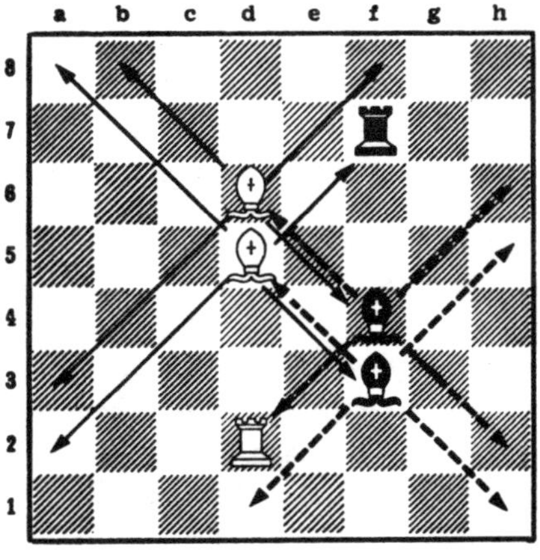

Läufer auf einem dunklen, der andere auf einem hellen Feld. Ein Läufer kann nie die »Farbe« seines Stammfeldes verlassen; er kann entweder nur auf den dunklen oder nur auf den hellen Feldern ziehen. Die beiden Läufer ergänzen sich also in ihrer Einwirkung auf die 64 Felder des Schachbrettes.

Auch der Läufer kann nur über freie Felder »laufen«, darf also andere Steine nicht überspringen. Auf einer freien Diagonalstrecke aber kann der Läufer ziehen wie er will, um eines oder um mehrere Felder auf einmal.

Das linke Bild zeigt die Läufer in der Grundstellung, das rechte zeigt die Zugmöglichkeiten mitten im Brett. Der weiße Läufer auf d5 kann zwar nach e6 oder f7 ziehen und dort den Turm schlagen, aber er kann nicht auf das dahinterliegende Feld g8 über den Turm hinweg ziehen. Der schwarze Läufer auf f4 kann nach e5 oder d6 ziehen und dort den weißen Läufer schlagen, aber nicht die dahinter liegenden Felder c7 oder b8 betreten. Ebenso könnte derselbe Läufer von f4 aus nur ein Feld nach e3 ziehen oder den Turm auf d2 schlagen. An diesen Beispielen haben wir auch gleich gesehen, wie der Läufer schlägt, nämlich so wie er zieht.

Will man einen Wertvergleich der verschiedenen Steine vornehmen, was man allerdings nur mit Vorbehalt tun sollte, so ist ein Läufer etwa soviel wert wie ein Springer oder drei Bauern: also:

♗ = ♞ oder: ♗ = ♟ ♟ ♟

Die Dame

Sie ist die freizügigste, beweglichste aller Figuren und damit neben dem wichtigen König die stärkste Figur im Spiel. Ihre Zugmöglichkeiten sind eine Kombination aus den Zügen des Turms und des Läufers. Die Dame kann also ebenfalls über beliebig viele freie Felder vor- oder rückwärts ziehen, und zwar sowohl gerade wie der Turm, als auch schräg wie der Läufer.

Auf dem linken Stellungsbild kann die weiße Dame zwischen 27 Zügen wählen. Aber sie kann den Zug nur in der einmal eingeschlagenen Richtung ausführen. Sie kann also beispielsweise nicht in ein und demselben Zug erst ein Stückchen diagonal ziehen und dann waagrecht weiterrücken. Immerhin verfügt sie von jedem der vier Zentralfelder in der Mitte des Brettes aus — d4, e4, d5, e5 — über 27 Züge, also über mehr Züge als jede andere Figur des Schachspiels.

Im rechten Diagramm kann die schwarze Dame auf jedes beliebige Feld

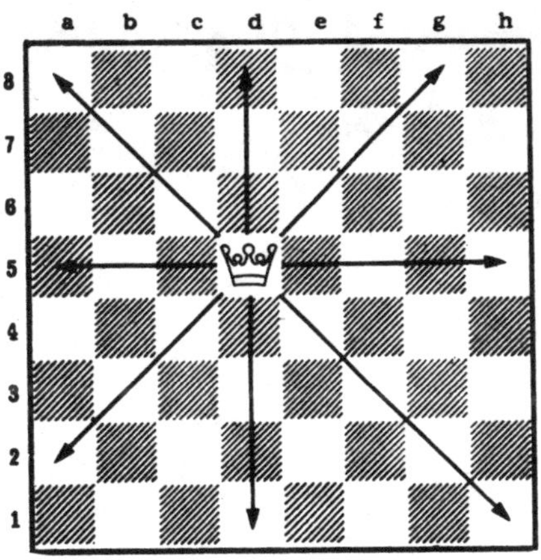

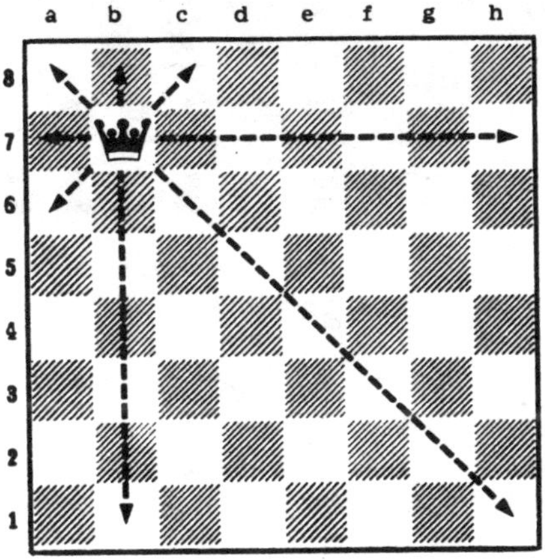

der b-Linie oder der großen Diagonale von a8 bis h1 ziehen; außerdem bestreicht die Dame alle Felder der 7. Reihe von a7 bis h7, und sie beherrscht auch die zwei Felder a6 und c8.

Wir haben eben den Ausdruck »beherrschen« gehört. Das heißt soviel, daß ein Stein bestimmte Felder — nämlich die Felder, die in seiner Reichweite liegen — kontrolliert, bedroht, bestreicht, auf sie einwirkt, also beherrscht. Er kann ja gegnerische Steine, die in seiner Reichweite stehen, schlagen, und der Gegner wird bemüht sein, sich dieser Gefahr gar nicht erst auszusetzen.

Es ist strategisch wichtig, mit seinen Figuren möglichst viele Felder des Schachbretts zu beherrschen, denn wer über mehr Raum als die Gegenpartei verfügt, ist im Vorteil. Der Raumvorteil ist ein positioneller Begriff. Um bestimmte Felder zu beherrschen, müssen unsere Steine nicht auf diesen Feldern stehen. Es genügt, wenn die Felder aus der Ferne beherrscht werden. Später werden wir erfahren, daß die Besetzung und Beherrschung der Mittelfelder zum positionellen Ziel von Eröffnung und Mittelspiel gehört.

Um die Kraft und Stärke der Dame zu demonstrieren, stellen wir auf die beiden letzten Diagramme anstelle der Dame einen Turm. Wir zählen ab und sehen, daß er beidesmal nur 14 Felder beherrscht, also nur halb soviel wie die Dame, die ja auf 27 Felder einwirkt. Daraus resultiert, daß die Dame den doppelten materiellen Wert eines Turmes hat, oder daß der Gegenwert für eine Dame zwei Türme sind. Wiederum sollten wir diesen Wertvergleich nur mit Vorbehalt akzeptieren. Es spielt natürlich immer die jeweilige Spielsituation eine Rolle, das heißt: Stand, Anzahl und Art aller noch auf dem Brett befindlichen Steine.

Der Springer

Der Springer ist zweifellos die farbigste Figur im Schach, denn er allein darf eigene und fremde Steine überspringen. Der Zug des Springers besteht aus einem Hakenschlag: er bewegt sich nämlich zunächst senkrecht oder waagrecht um ein Feld, ändert dann die Richtung und zieht diagonal um ein Feld weiter.

Der Merksatz lautet also: *eins grad, eins schräg.* Natürlich kann der Zug auch zunächst schräg beginnen und dann gerade beendet werden. Wie man es macht, es kommt letztlich auf dasselbe hinaus.

Auch der Springer kann vor, zurück oder seitwärts ziehen; allerdings muß auch er während eines Zuges die »Generalrichtung« beibehalten. Er kann also beispielsweise nicht um ein Feld gerade vorrücken und dann um ein Feld schräg zurück. Er muß sich auch beim Hakenschlagen weiter von seinem Standfeld wegbewegen. Auf unserem linken Bild wird das deutlich. Der Springer steht dort auf einem weißen Feld. Bei seinem Zug überquert er zunächst ein beliebiges angrenzendes schwarzes Feld und zieht dann auf das nächstliegende schwarze Feld in Vorwärtsrichtung. Oder er überquert zunächst ein weißes Feld und zieht dann auf eines der vorausliegenden

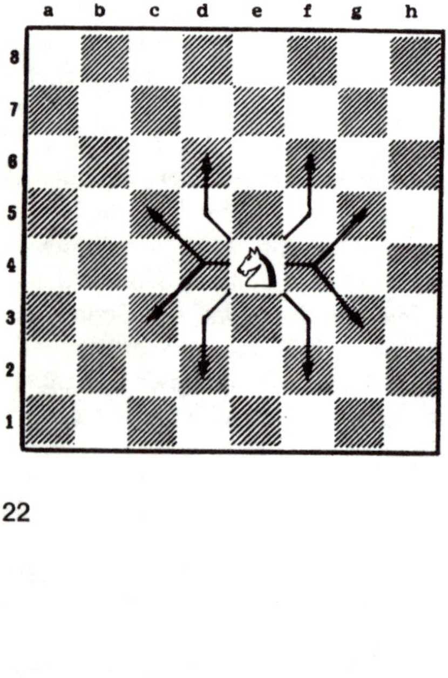

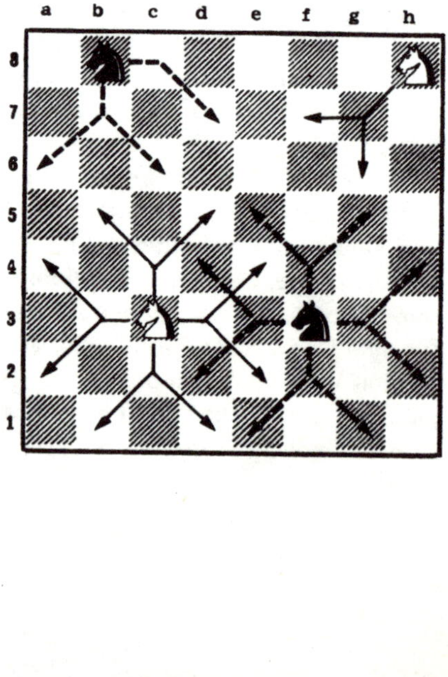

schwarzen Felder. Startet der Springer von einem weißen Feld, dann muß er auf einem schwarzen landen; startet er von einem schwarzen Feld, muß er auf einem weißen landen!
Im linken Diagramm sehen wir ein komplettes »Springerrad«; es sind acht Felder, die der Springer von seinem Standfeld aus beherrscht. Denken wir uns auf diesen acht Feldern acht schwarze Steine, so wären sie alle vom weißen Springer angegriffen, oder wie man im Schach noch sagt: bedroht. Mit seinem nächsten Zug könnte der Springer einen dieser acht Steine schlagen.
»Springer am Rand ist eine Schand«, so heißt einer der scherzhaften Merksätze im Schach. In der Tat, am Rand oder gar in der Ecke ist die Wirkung des Springers am geringsten, weil er von dort aus nur wenige Felder beherrscht. Auf unserem rechten Bild verfügt der schwarze Springer auf b8 nur über drei Felder, das weiße Pferd in der Ecke h8 gar nur über zwei Felder. Die beiden Springer in der Mitte des Brettes dagegen können ihre volle Wirkung entfalten und ein stolzes Springerrad schlagen.
Der Springer hüpft über Freund und Feind hinweg in die gegnerische Stellung und kann größte Verwirrung in den feindlichen Reihen stiften. Der ungeübte Spieler sieht selten voraus, wann ihn eine Springergabel vernichtend treffen wird. Das werden wir an anderer Stelle noch deutlicher sehen. Andererseits bedient sich gerade auch der Lernende mit Vorliebe dieser abenteuerlichen Figur.
Freilich gleichen sich Springer und Läufer in ihrem materiellen Wert. Aber dadurch, daß der Springer bei jedem Zug auf ein Feld anderer Farbe zu stehen kommt, hat er einen wichtigen Vorzug: er kann jedes der 64 Felder des Brettes erreichen. Im Endspiel kann diese Eigenschaft wichtig werden.
Der Wertvergleich sieht also so aus:

♞ = ♗ oder ♞ = ♙♙♙

Der König

Der König ist die wichtigste und auch die größte Figur im Schach. Schließlich dreht sich alles um ihn: wird er mattgesetzt, ist die Partie verloren. Jeder der beiden Spieler identifiziert sich sozusagen mit seinem König, denn man sagt: »Ich bin matt« und meint damit, daß unser König mattgesetzt wurde. Oder der Gegner sagt vielleicht: »Ich konnte mich retten und die Partie noch gewinnen«, wenn er seinen König erfolgreich dem feindlichen Mattangriff entziehen konnte.

Alles dreht sich also um die beiden Majestäten. Jede Partei wird daher bestrebt sein, den gegnerischen König anzugreifen, direkt oder indirekt; andererseits ist jeder Spieler auf den besonderen Schutz des eigenen Königs bedacht.

Der König hat nur eine geringe, aber dennoch universale Bewegungsmöglichkeit. Er kann von seinem Standfeld aus jedes danebenliegende freie Feld betreten. Der König kann vor, zurück und seitwärts ziehen, schräg oder gerade, also genau wie die Dame, nur mit der Einschränkung auf je ein Feld. Kommt es in einer Partie zu einem Endspiel, in dem schon viele und vor allem die schweren Figuren — Dame und Türme — vom Brett verschwunden sind, dann steigt die Aktivität des Königs. Sein Eingreifen entscheidet nicht selten den Ausgang des Kampfes.

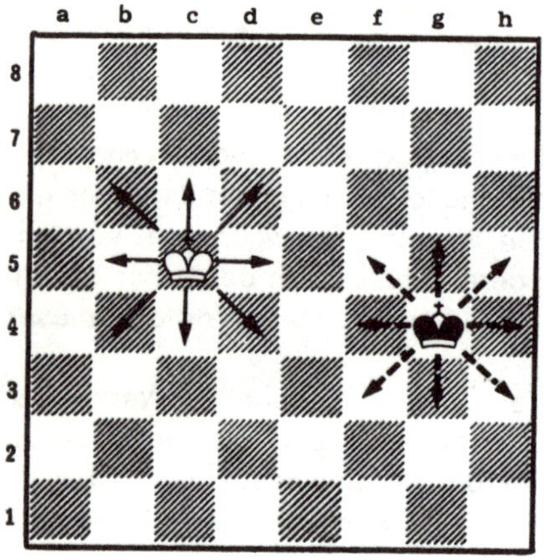

Jeder König kann auf eines der angrenzenden acht Felder ziehen. Der König darf jedoch niemals ein Feld betreten, das von einem feindlichen Stein beherrscht wird. Aber der König darf wie jeder andere Stein einen feindlichen Stein schlagen, wenn sich die Möglichkeit dazu ergibt.

Das wollen wir uns gleich einmal genauer ansehen, und zwar im Zusammenspiel mit verschiedenen anderen Figuren:

Das linke Diagramm zeigt eine Stellung von Dame und König jeder Farbe. Welche Zugmöglichkeiten haben hier die einzelnen Figuren und welche Felder dürfen die Könige jeweils nicht betreten? Das rechte Diagramm gibt darüber Auskunft: Nicht betreten werden dürfen je fünf Felder, weil diese von der feindlichen Dame beherrscht werden. Für den weißen König sind tabu die Felder a5, b6, c4, c5 und c6; für den schwarzen König sind unzugänglich e3, f4, g2, g3 und g4.

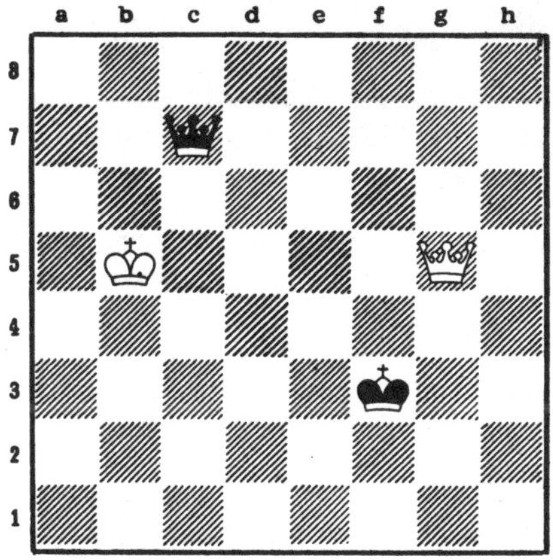

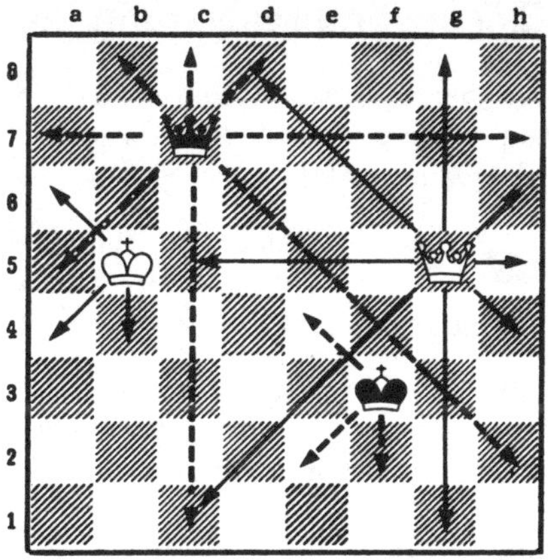

Im linken Diagramm unten sind es je vier Felder, die von den Königen nicht betreten werden dürfen. Angenommen, Weiß zieht mit dem König auf e8 oder e7, so begäbe er sich damit in den Wirkungsbereich des schwarzen Königs. Wir wissen aber, daß sich der König nicht auf ein Feld begeben darf, das von einem feindlichen Stein beherrscht ist. Er stünde dort ja im »Schach«, er wäre also bedroht. Wir sehen: auch Könige müssen sich wenigstens einen Schritt vom Leibe bleiben. Das Feld c8 darf der weiße König nicht betreten, weil es vom schwarzen Läufer auf a6 beherrscht wird und das Feld c7 nicht, weil es vom schwarzen Springer beherrscht wird. Der schwarze König schließlich darf wie sein Kollege nicht die Felder e8 und e7 betreten und ferner nicht die zwei Felder g8 und g7, da sie vom weißen Turm von g5 aus beherrscht werden.

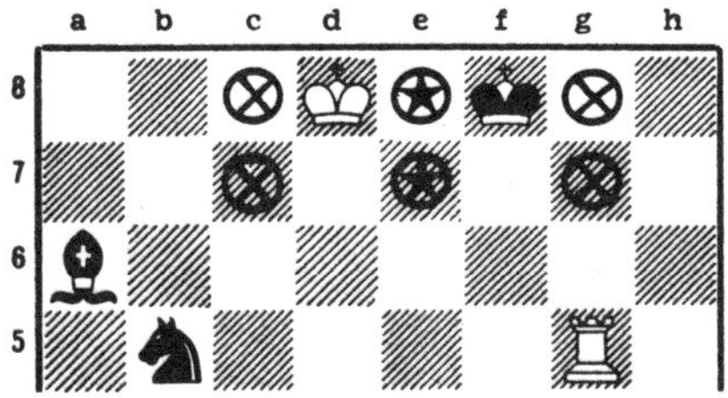

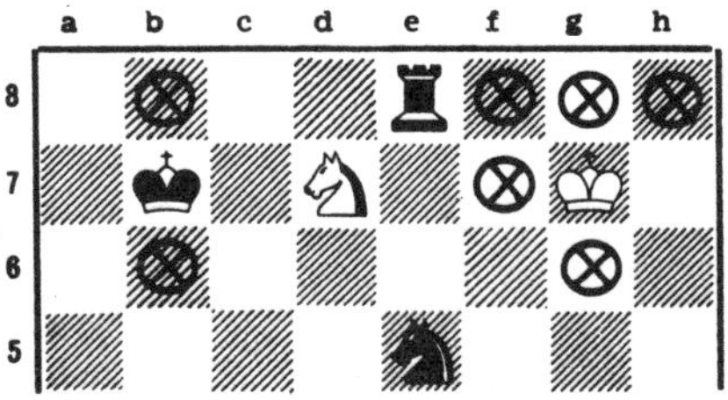

Im rechten Diagramm könnte der schwarze König mit Ausnahme der Felder b6 und b8 alle übrigen sechs Felder betreten. Die Felder b6 und b8 aber werden vom weißen Springer kontrolliert. Dem weißen König bleiben nur drei Felder frei. Die Felder der 8. Reihe sind ihm vom Turm versperrt, die Felder f7 und g6 beherrscht der schwarze Springer.

Einsatz und Plazierung der Figuren

Wir haben schon erfahren, daß die Mittelfelder des Schachbrettes strategisch wichtiger als die übrigen Felder sind. Vom Zentrum aus entwickeln sich weitere Aktionen gegen den Feind am besten.

♛ ♖ Dame und Turm zählen wir zu den schweren Figuren. Sie entfalten ihre beste Wirkung aus den hinteren Reihen, vergleichbar der schweren Artillerie im Stellungskrieg.

♝ ♗ Die Läufer erzielen die nachhaltigste Wirkung als Langschrittler ebenfalls aus einer gewissen Distanz. Man zählt sie zu den leichten Figuren.

♞ ♘ Die Springer hingegen sind am wirkungsvollsten beim Einsatz nahe am Feind. Häufig schlagen sie die Bresche in die feindliche Stellung, vor allem bei Überfällen im Königsangriff. Auch die Springer gehören zu den leichten Figuren. Läufer und Springer nennen wir auch »Offiziere«.

Test 3

Fragen:

1. Wann darf ein Bauer zwei Felder auf einmal ziehen?
2. Darf ein Läufer im Laufe des Spiels von einer dunklen auf eine helle Diagonale wechseln?
3. Kann ein Turm über die ganze Brettlänge ziehen, wenn er freien Weg hat?
4. Was geschieht mit einem Bauern, der auf die letzte Reihe gerät?
5. Kann ein Turm seine Reihe oder Linie verlassen und schräg über die Diagonale ziehen?
6. Auf welchem Feld muß ein Springer landen, wenn er von einem schwarzen Feld aus zieht, auf einem weißen oder wiederum auf einem schwarzen?
7. Wie darf der König ziehen, gerade oder schräg?
8. Weshalb ist die Dame stärker und daher mehr wert als ein Turm oder ein Läufer?
9. Wieviel Felder beherrscht ein Springer optimal?
10. Wann darf ein Bauer auch einmal rückwärts ziehen?
11. Kann eine Partei in der Grundstellung zwei Läufer auf gleichfarbigen Feldern haben?
12. Darf ein Turm nur um ein Feld ziehen, auch wenn er mehrere freie Felder vor sich hat?
13. Dürfen im ersten Zug zwei Bauern gleichzeitig um einen Schritt gezogen werden?
14. Darf die Dame nach allen Richtungen ziehen, gerade und diagonal?
15. Darf der Springer eigene Steine überspringen?
16. Was ist mehr wert, ein Springer oder ein Läufer?
17. Kann der König ein Feld betreten, das von einem feindlichen Stein beherrscht wird?
18. Kann ein Läufer gegnerische Steine überspringen?
19. Kann ein Läufer in einem Zug zunächst schräg vorrücken und dann gerade weiterziehen?

Antworten:

1. Aus der Grundstellung heraus.
2. Nein, er darf die Farbe seines Stammfeldes nicht verlassen.
3. Ja, solange der Weg frei ist.
4. Er muß sofort in eine beliebige Figur derselben Farbe umgewandelt werden, ausgenommen in einen König.
5. Nein, er darf nur parallel zu den Seitenkanten des Brettes ziehen.
6. Auf einem weißen, also immer auf einem Feld anderer Farbe.
7. Er darf gerade und schräg ziehen, und zwar jeweils um einen Schritt pro Zug.
8. Weil sie die Bewegungsmöglichkeiten von Turm und Läufer vereint, also mehr Felder beherrschen kann.
9. Acht Felder.
10. Niemals, in keinem Fall.
11. Nein, immer zwei Läufer auf verschiedenfarbigen Feldern.
12. Ja, aber er darf auch über das ganze Brett ziehen, wenn seine Bahn frei ist.
13. Nein, aber von der Grundstellung aus darf jeder Bauer um zwei Schritte vorrücken.
14. Ja, aber sie darf innerhalb eines Zuges die Richtung nicht wechseln.
15. Ja, eigene und feindliche. Er ist die einzige Figur, die das darf, mit Ausnahme der Rochade.
16. Springer und Läufer sind gleichwertig.
17. Nein, er darf kein vom Feind kontrolliertes Feld betreten.
18. Nein, das darf nur der Springer.
19. Nein, er darf ohnehin ja nur diagonal ziehen.

Das Schlagen

Das Ziehen mit den eigenen Steinen hat den Sinn, den gegnerischen König in die Enge zu treiben und mattzusetzen, oder auf dem Wege dorthin gegnerische Steine zu rauben, zu »schlagen«, um den Gegner materiell zu schwächen. Mit Ausnahme der Bauern schlagen alle anderen Steine so wie sie ziehen.

Einen gegnerischen Stein kann man schlagen, wenn er auf einem Feld steht, das von einem eigenen Stein beherrscht wird. Der Spieler, der schlagen will, nimmt den entsprechenden gegnerischen Stein vom Brett und setzt seinen eigenen an dessen Stelle. Der geschlagene Stein wird außerhalb des Brettes abgelegt. Eigene Steine darf man nicht schlagen, es wäre ja auch unlogisch.

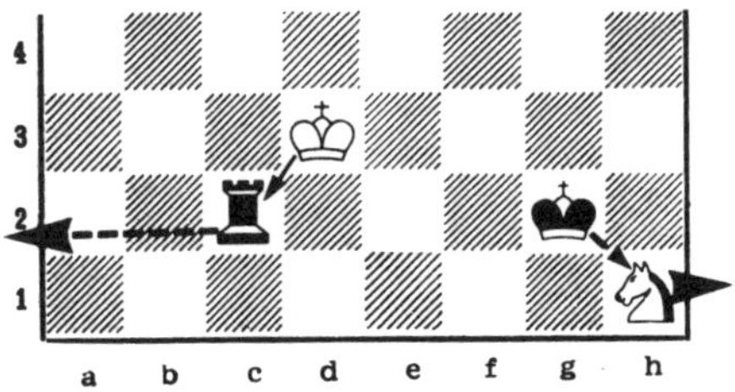

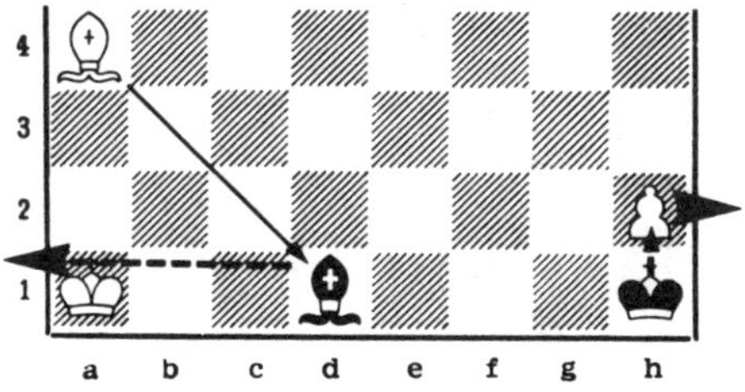

Im linken Diagramm kann Weiß am Zug mit dem König den schwarzen Turm schlagen, stellt ihn vom Brett und rückt seinen König auf das Feld c2. Schwarz am Zug kann den weißen Springer schlagen, stellt ihn vom Brett und setzt seinen König auf das Eckfeld h1.

Im rechten Diagramm kann Weiß am Zug den Läufer schlagen, setzt seinen Läufer auf das Feld d1 und stellt den schwarzen Läufer außerhalb des Brettes ab. Schwarz am Zug kann mit dem König den weißen Bauern auf h2 nehmen. Ebenso kann Schwarz aber auch mit seinem Läufer den weißen Läufer auf a4 schlagen.

Das Schlagen eines Steines ist nicht Pflicht, es ist nur ein Recht. Man muß also von der Möglichkeit, einen Stein schlagen zu können, nicht unbedingt Gebrauch machen, sondern kann statt dessen einen beliebig anderen Zug ausführen. Stehen einem Spieler mehrere Möglichkeiten des Schlagens zur Verfügung — der Schachausdruck dafür heißt: Schlagfall oder Schlagfälle —, so hat er die freie Wahl; das heißt, er kann irgendeinen Schlagfall wählen oder auch darauf verzichten. Maßgebend ist dabei nur, daß nicht irgendeine Schachregel verletzt wird. Mit einem Zug kann nur ein Stein geschlagen werden. Es ist nicht möglich, im gleichen Zug noch einen zweiten Stein zu schlagen.

Wie Dame und Turm schlagen

Auf dem folgenden Bild stehen sich die beiden Damen und zwei gegnerische Türme gegenüber. Die übrigen Steine — zu einem echten Stellungsbild fehlen ja zumindest die beiden Könige — haben wir der Übersichtlichkeit halber einfach weggelassen.

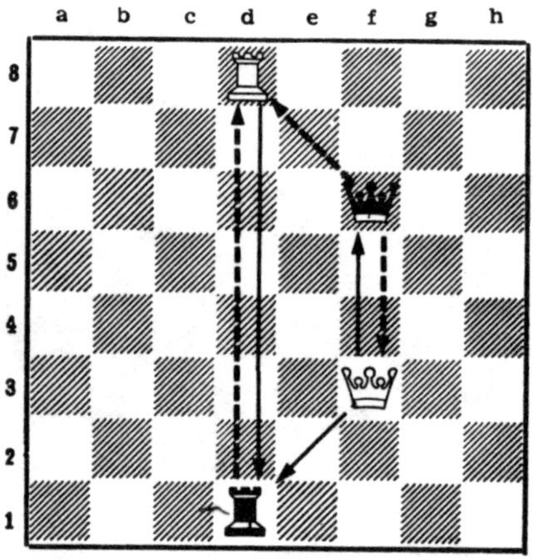

Schwarz am Zuge hätte drei Möglichkeiten, eine gegnerische Figur zu schlagen. Er kann entweder mit seiner Dame die weiße Dame, oder mit seiner Dame den weißen Turm, oder mit seinem Turm den weißen Turm schlagen. Weiß am Zug hat seinerseits dieselben Schlagmöglichkeiten wie Schwarz.

Beide, Schwarz und Weiß, könnten eine Schlagserie auslösen, zum Beispiel Weiß am Zug mit:

1. Die weiße Dame schlägt die schwarze Dame; im selben Zug antwortet Schwarz mit Schlagen des Turms d8 durch seinen Turm auf d1.
2. Die weiße Dame, jetzt auf f6, schlägt nun den auf d8 stehenden schwarzen Turm.

Unversehens haben wir eine erste Schachkombination ausgeführt, wobei in 1½ Zügen drei Figuren durch eine vorausberechnete Zugfolge vom Brett verschwunden sind. Jeder komplette Zug besteht ja bekanntlich aus je einem weißen und schwarzen Zug. Eben die vorauszusehenden Zugfolgen machen den Reiz des Schachspiels aus: Wer weiter und genauer rechnet, wird am Schluß der Sieger sein.

Springergabel und Familienschach

Das folgende Diagramm zeigt uns, was eine »Springergabel« ist. Nehmen wir an, auf dem Teildiagramm links wäre Weiß am Zug. Er hat die Qual der Wahl, denn es stehen ihm Schlagmöglichkeiten mit dem Springer und mit dem Turm zur Hand.

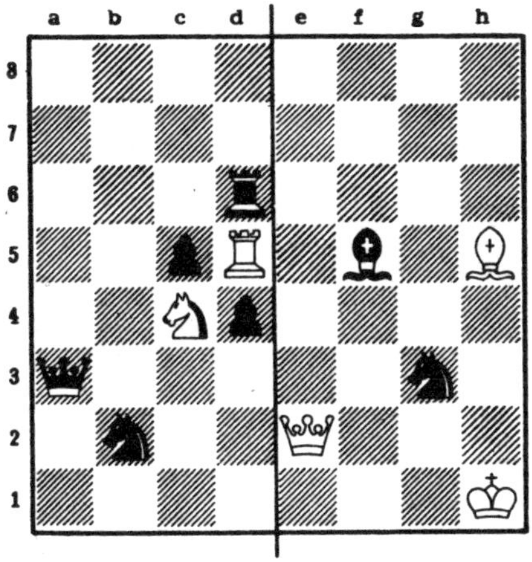

Untersuchen wir hier einmal die Möglichkeiten mit dem Springer: er kann die Dame auf a3, den Turm auf d6 oder auch den Springer auf b2 schlagen. Es ist dabei nicht notwendig, daß der Spieler einen bestimmten geometrischen Weg mit seinem Springer zurücklegen muß; er könnte mit dem Springer in der Hand ein »L« auf seinem Weg beschreiben, er wird aber in der Regel den Springer auf direktem Weg zum Zielfeld führen. Zum Beispiel wird der Springer auf c4 einfach hochgehoben und neben den schwarzen Turm auf d6 gesetzt; dann wird als Bestandteil desselben Zuges der Turm vom Brett gestellt. Ebenso erlaubt ist es aber, erst den Turm vom Brett zu stellen und dann den Springer auf d6 zu setzen.
Wenn wir das rechte Diagramm aufmerksam ansehen, dann fällt uns auf, daß nur Weiß am Zuge sein kann. Und warum wohl? Nun, der weiße König steht auf einem Feld, das vom schwarzen Springer beherrscht wird, er steht

also im »Schach«. Da ein König aber nie auf ein Feld ziehen darf, das von einem feindlichen Stein beherrscht wird, muß im vorhergehenden Zug Schwarz seinen Springer nach g3 gezogen haben, dabei dem weißen König »Schach« bietend. Weiß muß nun die Gefahr um seinen König bereinigen. Wie man ein Schachgebot im einzelnen abwehren kann, darüber werden wir später noch einmal reden. In unserem Fall kann der König auf eines der drei angrenzenden Felder ziehen; er ist damit aus dem »Schach«, denn diese Felder sind nicht anderweitig vom Gegner beherrscht.
Nach dem Zug des weißen Königs kann nun der schwarze Springer entweder die weiße Dame oder den weißen Läufer schlagen. Dieses Beispiel zeigt eine dreifache »Springergabel«, denn der Springer greift drei gegnerische Steine gleichzeitig an. In der Schachsprache spricht man in diesem Fall scherzhaft von einem »Familienschach«, weil bei Weiß eben die ganze »Familie« angegriffen ist, nämlich König und Dame gleichzeitig. Auch die beiden folgenden Beispiele zeigen das:

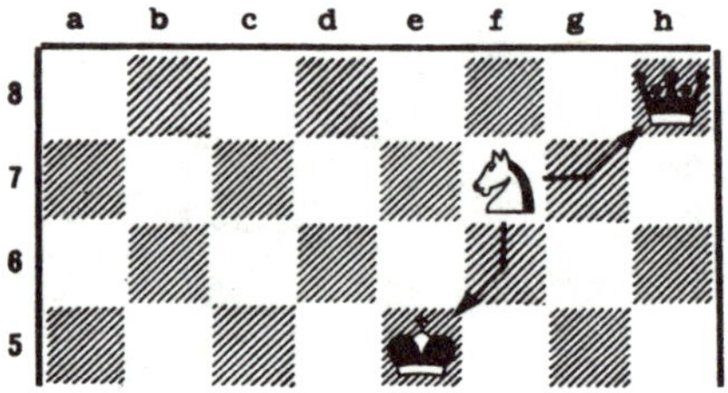

In beiden Fällen muß der angegriffene König aus dem Schachgebot des Springers ziehen, wonach der Springer die wertvolle Dame schlagen kann. Sowohl die schwarze Springergabel links, als auch die weiße Springergabel rechts zeigen also ein »Familienschach«.

Wie die Bauern schlagen

Wir haben schon gehört, daß die Bauern im Gegensatz zu den Figuren anders schlagen als ziehen. Sie ziehen gerade, schlagen aber schräg. Wir sehen uns das noch einmal an:
Auf dem linken Bild sind einige Schlagmöglichkeiten für Bauern vorgesehen. Welche Bauern können schlagen und welche Figuren haben sonst noch Schlagmöglichkeiten?
Die Antwort auf den ersten Teil der Frage gibt das rechte Diagramm: Der weiße Bauer auf der a-Linie kann weder ziehen noch schlagen. Der schwarze Bauer auf der a-Linie kann den weißen Turm schlagen. Der weiße

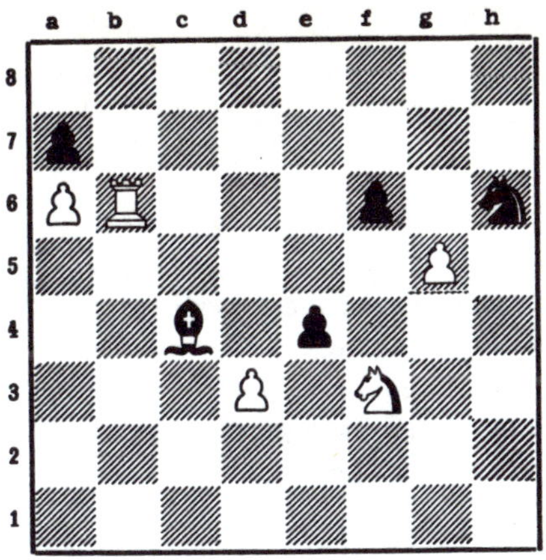

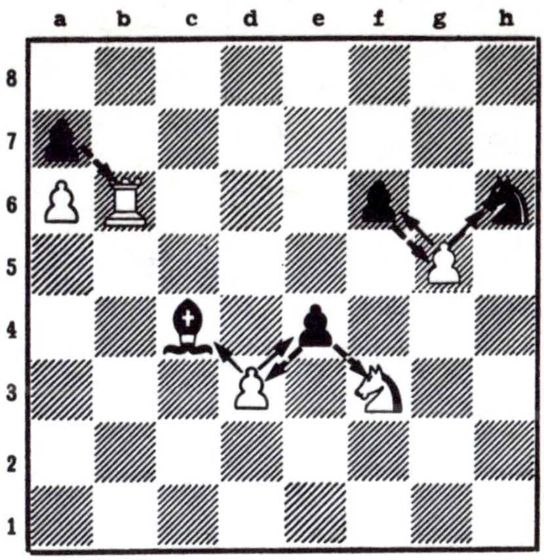

Bauer auf der d-Linie kann den Läufer oder den gegnerischen Bauern schlagen. Der schwarze Bauer auf der e-Linie kann den weißen Springer oder Bauern schlagen. Der schwarze Bauer auf der f-Linie kann den weißen Bauern auf der g-Linie schlagen. Der weiße Bauer auf der g-Linie kann schließlich den schwarzen Bauern und den schwarzen Springer schlagen.
Die Schlagmöglichkeiten der Figuren: Der Turm könnte den Bauern auf f6 schlagen. Der Läufer könnte den Bauern auf a6 oder den Bauern auf d3 schlagen. Die beiden Springer, der weiße auf f3 oder der schwarze auf h6, haben keinerlei Schlagmöglichkeiten.
Wir merken uns also über die Bauern: Sie ziehen und schlagen immer in Vorwärtsrichtung. Die weißen Bauern ziehen — wenn wir das Brett mit allen Steinen so aufgestellt haben wie auf Seite 9 und wie wir es in allen unseren Abbildungen zugrunde legen — nach oben, die schwarzen Bauern ziehen nach unten.

Die Bauerngabel

Als Bauerngabel bezeichnet man im Schach den Doppelangriff eines Bauern auf zwei gegnerische Steine. Den Doppelangriff des Springers, die Springergabel, haben wir ja schon kennengelernt. Die Bauerngabel kommt am häufigsten vor. Von den zwei angegriffenen Steinen kann nur einer entfliehen, die Gabel bringt also materiellen Gewinn. Sehen wir uns das im Diagramm an:
Der weiße Bauer auf c6 greift Turm und Springer des Gegners gleichzeitig an, und Schwarz kann nur eine der beiden Figuren retten, da er ja nicht mit

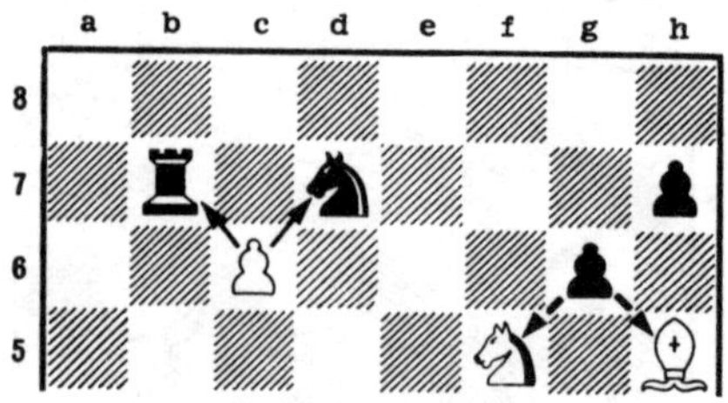

zwei Figuren gleichzeitig ziehen darf. Eine schwarze Bauerngabel sehen wir auf der rechten Bretthälfte. Der Bauer auf g6 greift zwei weiße Figuren an; materieller Nachteil für Weiß ist nicht zu vermeiden. Er muß entweder Springer oder Läufer für nur einen Bauern hergeben. Schlägt der Läufer den Bauern auf g6, so kann der Bauer auf h7 zurückschlagen.

Das Schlagen im Vorübergehen

Ein Bauer kann ja bekanntlich bei seinem ersten Zug aus der Grundstellung heraus um zwei Felder vorrücken. Kommt er dabei genau neben einen gegnerischen Bauern, so kann er von diesem »im Vorübergehen« geschlagen werden. Der gegnerische Bauer verfährt dann so, als sei der andere Bauer eben nur um ein einziges Feld vorgerückt und stehe schräg vor ihm.

Es gibt viele Schachspieler in Laienkreisen, die das Schlagen im Vorübergehen — häufig sagt man auch »im Vorbeigehen« oder benutzt den französischen Fachausdruck »en passant« — nur ungefähr oder gar nicht kennen. In diesem Buch wollen wir Sie aber mit allen Möglichkeiten und Regeln vertraut machen, damit für Sie Mißverständnisse von vornherein ausgeschlossen bleiben.

Die Grundregeln für das Schlagen im Vorübergehen sind:

1. Nur ein Bauer kann im Vorübergehen schlagen.
2. Nur ein Bauer kann im Vorübergehen geschlagen werden.
3. Der Bauer, der so geschlagen werden soll, muß von der Grundstellung aus zwei Schritte gezogen haben.
4. Der Bauer, der so schlagen darf, muß sich auf derselben Höhe befinden wie der Bauer, der geschlagen werden soll.
5. Die beiden Bauern müssen sich auf angrenzenden Feldern befinden.
6. Der um zwei Felder vorgerückte Bauer wird so geschlagen, als habe er nur einen Schritt gemacht.
7. Das Schlagen im Vorübergehen muß sofort erfolgen; einen Zug später erlischt dieses Recht.

Unser folgendes Diagramm zeigt mehrere Beispiele für das Schlagen im Vorübergehen: Wenn der weiße Bauer soeben von f2 nach f4 gezogen hat, so kann der schwarze Bauer auf e4 den weißen Bauern im Vorübergehen auf f3 schlagen; es wird der schwarze Bauer auf das Feld f3 gesetzt und der weiße Bauer auf f4 vom Brett genommen. Hat der schwarze Bauer auf

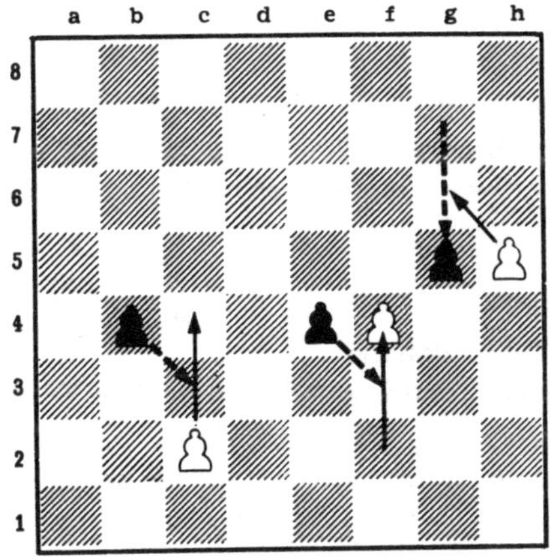

g5 zuletzt den Doppelschritt von g7 nach g5 gemacht, so darf der weiße Randbauer ihn im Vorbeigehen schlagen; der Bauer auf h5 wird auf das Feld g6 gestellt und der schwarze Bauer vom Brett entfernt. In beiden Fällen treffen die Voraussetzungen zum Schlagen im Vorbeigehen zu. Bitte vergleichen Sie einmal mit den Punkten 1 bis 7 auf Seite 34: In beiden Fällen stehen die Bauern auf angrenzenden Linien, auf gleicher Höhe, und der zu schlagende Bauer hat soeben zwei Schritte aus seiner Anfangsstellung gemacht.

Noch nicht spruchreif ist der Fall bei den Bauern auf der b- und c-Linie: Erst wenn Weiß den Bauern von c2 nach c4 zieht, dann darf der schwarze Bauer von b4 nach c3 »im Vorübergehen« schlagen.

Test 4

Fragen:

1. Kann man auch eigene Steine schlagen?
2. Was geschieht mit einem geschlagenen Stein?
3. Ein Spieler hat die Wahl zwischen mehreren Schlagfällen. Wie viele der Möglichkeiten muß er mindestens und wie viele darf er höchstens wahrnehmen?
4. Betrachten wir einmal die Diagramme auf der folgenden Seite: Kann im linken Diagramm der weiße Turm die schwarze Dame schlagen?
5. Kann die schwarze Dame auf das Feld f1 ziehen?
6. Wie könnte der schwarze Turm der Bedrohung durch den weißen Turm und die weiße Dame entgehen?
7. Wenn im rechten Diagramm der weiße Randbauer auf der a-Linie zwei Schritte macht, kann dann Schwarz i. V. — die übliche Abkürzung für »im Vorübergehen« — schlagen? Wenn ja, wie?
8. Wenn der weiße c-Bauer von c2 aus zwei Schritte zieht, kann dann Schwarz i. V. schlagen und wie?
9. Wenn der schwarze d-Bauer den Doppelschritt macht, kann Weiß dann i. V. schlagen und mit welchem Bauern?
10. Wenn Schwarz den f-Bauern vorzieht, kann Weiß ihn dann i. V. nehmen?
11. Wenn Weiß mit dem Randbauern auf h2 den Doppelschritt ausführt, darf Schwarz dann i. V. schlagen?

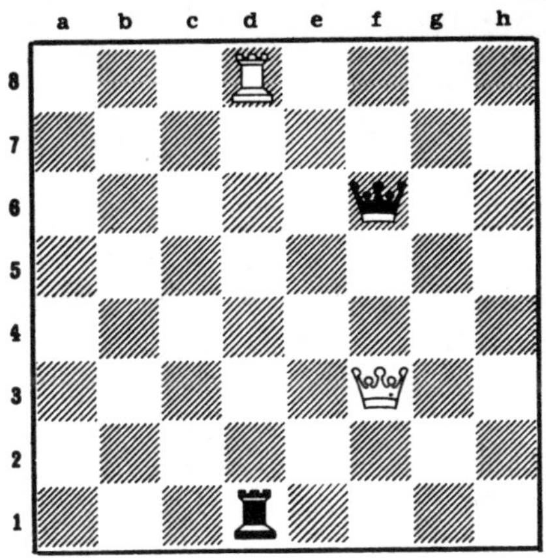

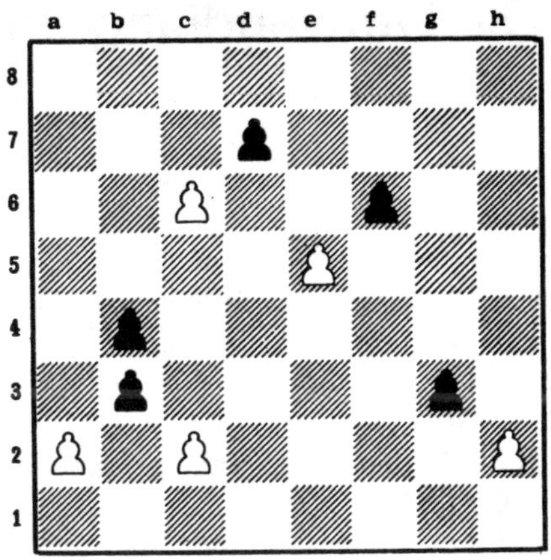

Antworten:

1. Nein, selbstverständlich nicht.
2. Er wird sofort vom Brett gestellt.
3. Er braucht keine der Schlagmöglichkeiten wahrzunehmen, da kein Schlagzwang besteht; er kann also auch einen beliebigen anderen Zug tun. In einem Zug kann er aber höchstens einen gegnerischen Stein schlagen, niemals mehrere gleichzeitig.
4. Nein, der Turm zieht und schlägt nur gerade, nie schräg.
5. Nein, die Dame darf keine feindliche oder eigene Figur überspringen.
6. Er kann entweder den weißen Turm auf d8 schlagen oder auf eines der Felder nach links auf der 1. Reihe ausweichen, oder er kann auch nach rechts auf die Felder e1 oder g1 ziehen. Auf f1 oder h1 stünde er im Schlagbereich der weißen Dame.
7. Ja, er zieht seinen Bauern von b4 nach a3.
8. Ja, mit dem Bauern von b4 nach c3.
9. Ja, mit dem Bauern e5 nach d6.
10. Nein, der Bauer kommt weder aus der Grundstellung noch hat er einen Doppelschritt gemacht, beides Voraussetzungen zum Schlagen i. V.
11. Nein, der schwarze Bauer auf g3 steht dann ja nicht auf einer Höhe mit dem weißen Bauern.

Die Umwandlung des Bauern

Über den Bauern haben Sie schon erfahren, daß er den Marschallstab im Tornister trägt. Der Bauer kann in eine Dame, einen Turm, einen Läufer oder in einen Springer verwandelt werden, wenn es ihm gelingt, durch die gegnerischen Reihen hindurch auf ein Feld der letzten Reihe zu gelangen. Der Besitzer des Bauern kann dann frei wählen, in welche Figur er seinen Stein umgewandelt haben möchte. Die Umwandlung muß sofort erfolgen, und es bleibt dabei unberücksichtigt, welche Steine sich zu diesem Zeitpunkt noch auf dem Brett befinden.
Meistens wird der Bauer natürlich in die stärkste Figur, in eine Dame verwandelt. Ein Spieler kann also mehrere Damen auf dem Brett haben. Theoretisch kann er sogar neun Damen gleichzeitig haben, nämlich eine aus der Grundstellung und acht durch Umwandlung der acht Bauern.
Ist die erste Dame noch im Spiel, so wird als Behelfslösung ein schon geschlagener Turm umgekehrt auf das Feld gesetzt und ein Bauer darauf gestellt. Mann kann aber auch den Bauern stehen lassen und ihn anderweitig markieren, zum Beispiel mit einem farbigen Band.
Statt einer zweiten Dame kann der Spieler aber auch eine beliebige andere Figur seiner Farbe wählen. So könnte er durch Umwandlung zum Beispiel mit drei oder noch mehr Springern oder Läufern spielen.
In unserem Stellungsbild auf S. 39 hat Weiß drei Möglichkeiten der Umwandlung:

1. Der Randbauer zieht von a7 nach a8 und Weiß nennt seinen Umwandlungswunsch; er sagt zum Beispiel: »Dame!« Von diesem Augenblick an ist der Bauer eine Dame, selbst wenn er aus irgendwelchen Gründen noch einige Züge als Bauer auf dem Brett umherziehen sollte.
2. Der Bauer auf f7 schlägt den Springer auf e8, oder
3. er schlägt den Läufer auf g8. In beiden Fällen hat der Bauer die letzte Reihe erreicht und muß umgewandelt werden.

Wäre Schwarz am Zug, so könnte er einen seiner drei Bauern auf die letzte Reihe ziehen und umwandeln. Zwei schwarze Bauern haben aber noch zusätzliche Schlagmöglichkeiten: der e-Bauer kann den Turm schlagen, und der b-Bauer kann den Läufer schlagen. Bei solchen Gelegenheiten wählt ein Spieler natürlich die lukrativste Art der Umwandlung. Schwarz wird daher nicht mit dem b-Bauern den Läufer in der Ecke schlagen, weil ja der

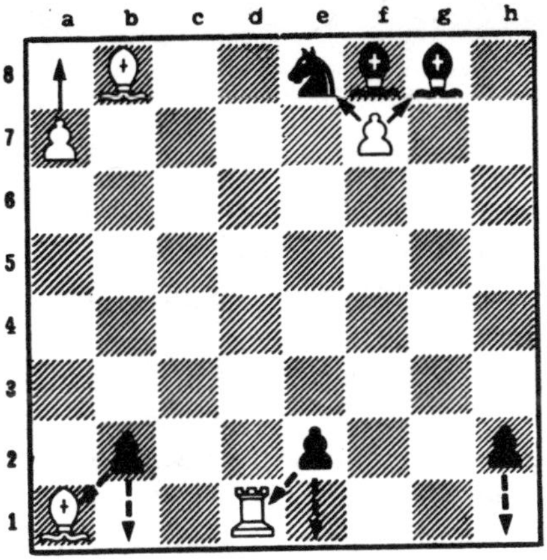

weiße Turm im nächsten Zug die neue Dame gleich wieder schlagen könnte. Das gleiche wäre der Fall, wenn Schwarz den Randbauern umwandeln würde. Ein kluger Spieler wird in diesem Fall daher den Turm schlagen.

In diesem Stellungsbild fällt dem aufmerksamen Betrachter noch etwas auf: die beiden weißen Läufer stehen beide auf einem dunklen Feld. Da es nach den Zugregeln für die Läufer nicht sein kann, daß der eine Läufer von einem hellen Feld auf ein dunkles gezogen hat, muß Weiß schon zuvor einen Bauern in einen Läufer auf dunklem Feld umgewandelt haben. Der weiße Läufer auf hellem Feld ist also schon geschlagen worden.

Die Rochade

Sie kennen nun schon sämtliche Zug- und Schlagmöglichkeiten aller Steine. Es gibt aber noch eine Zugmöglichkeit, die in jeder Schachpartie nur einmal vorkommen kann: die Rochade.
Die Rochade ist ein Doppelzug während des Spiels, bei dem Turm und König gleichzeitig versetzt werden; es ist der einzige erlaubte Doppelzug im Spiel, und er darf nur zwischen König und Turm ausgeführt werden. Der Sinn der Rochade ist, den König aus der Mitte in eine sichere Stellung zu bringen und gleichzeitig dem Turm die Teilnahme am Kampf zu erleichtern.
Die Erfahrung hat gezeigt, daß ein König auf seinem Ursprungsfeld in der Mitte gefährdet steht und Angriffen leicht ausgesetzt ist. Andererseits steht der Turm in seinem Eckfeld ziemlich untätig und kommt nicht richtig zur Entfaltung. Wir hatten schon gesagt, daß es Ziel der Eröffnung ist, den Figuren — also auch dem Turm — freie Bahn und damit Operationsmöglichkeiten zu verschaffen. Mit Hilfe der Rochade kann man nun einen der beiden Türme ins Zentrum führen. Die Rochade wurde übrigens erst im 16. Jahrhundert eingeführt, während das Schachspiel selbst ja beträchtlich älter ist.
Der Rochadezug lautet: »Der König verläßt sein ursprüngliches Feld, um auf derselben Reihe eines der beiden nächsten Felder gleicher Farbe zu besetzen; sodann geht derjenige Turm, zu dem sich der König hinbewegt

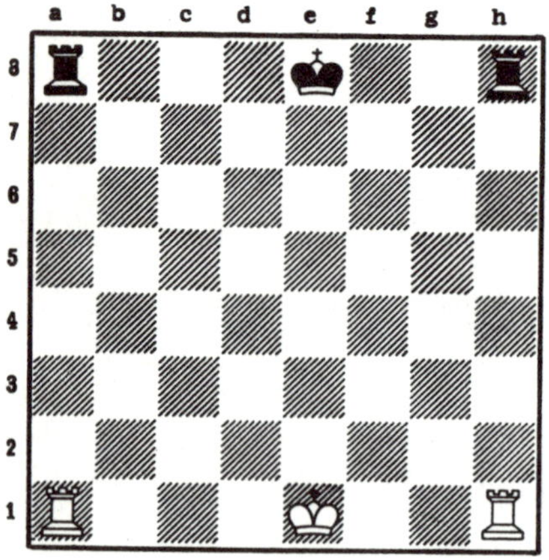

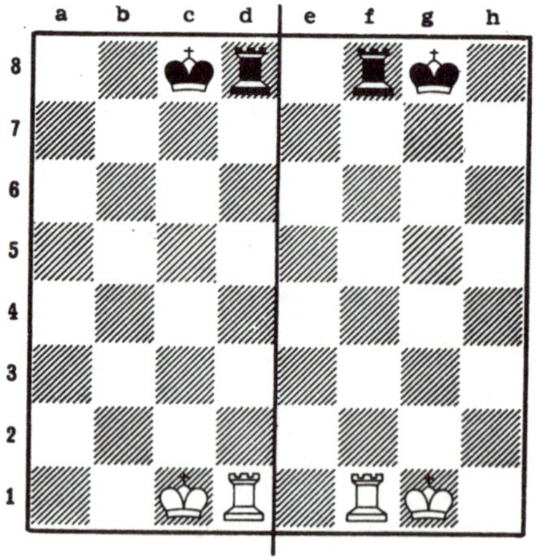

hat, über den König hinweg auf dasjenige Feld, das dieser soeben überschritten hat.« Das klingt komplizierter als es ist. Wir wollen es uns deshalb im Bild veranschaulichen. Links sehen Sie die Stellung vor der Rochade und rechts die zwei möglichen Stellungen jeder Farbe nach der Rochade: In der Praxis kann die Rochade aber auch so ausgeführt werden: Man rückt den Turm auf das Feld unmittelbar neben dem König; dann springt man mit dem König über den Turm auf das Feld daneben. Dabei kann es Ihnen natürlich passieren, daß ein regelgerechter Schachbürokrat sagt: »Die Rochade darf nicht auf diese Weise ausgeführt werden; Sie müssen zuerst mit dem König und erst dann mit dem Turm ziehen.« So lautet nämlich die Turnierregel. Sie können Ihren Partner aber beruhigen: Nach den FIDE-Regeln ist keine Bestrafung möglich, wenn bei der Rochade zuerst der Turm gezogen wird. Auch nach den neuen Bestimmungen des Deutschen Schachbundes zur Bundesliga (1975) kann vom Gegner kein Turmzug verlangt werden, wenn der Spieler bei Ausführung der Rochade zuerst den Turm zieht!

Es gibt die lange Rochade, und es gibt die kurze Rochade. Bei der langen Rochade (0-0-0) wird nach der langen Seite rochiert; das ist die Richtung, wo der Weg zwischen König und Turm drei Felder beträgt. Die kurze Rochade (0-0) ist rascher zu erzielen, weil dort nur zwei Felder zwischen König und Turm liegen.

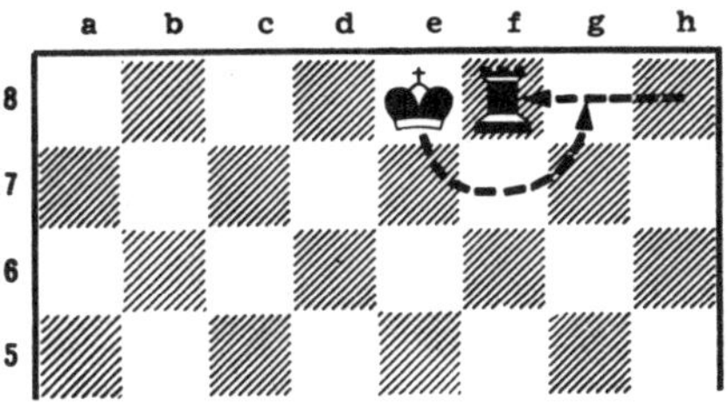

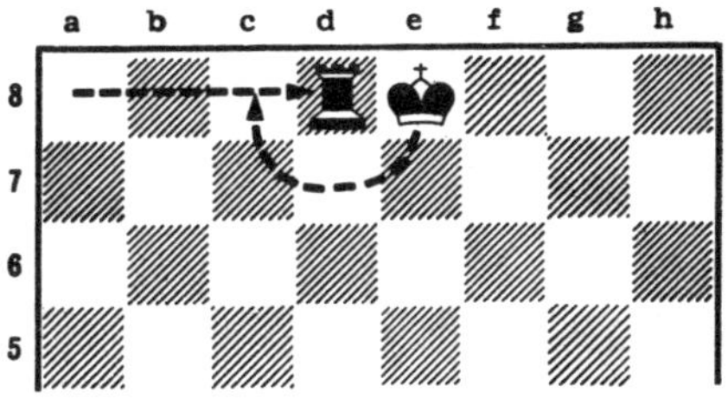

Auf den zwei Teildiagrammen sehen wir die lange und die kurze Rochade von Schwarz in der Ausführung begriffen. Sie ist jeweils erst zur Hälfte vollzogen. Schwarz hat den Turm an den König gerückt und wird nun als zweiten Teil des Zuges zur Vollendung der Rochade mit dem König in Pfeilrichtung über und neben den Turm springen.

Wir wissen nun, wie man rochiert. Wann aber darf man rochieren und wann darf man es nicht? Die Rochade ist unter drei Voraussetzungen erlaubt, es gibt aber grundsätzlich keinen Zwang zur Rochade:

1. Der König darf noch nicht gezogen haben.
2. Der Turm, mit dem rochiert werden soll, darf noch nicht gezogen haben.

3. Die Felder zwischen König und dem betreffenden Turm dürfen nicht besetzt sein, weder von eigenen noch von gegnerischen Steinen.

»Besetzt sein« heißt hier auch, daß die Felder, die der König bei der Rochade überschreitet, von keiner feindlichen Figur beherrscht sein dürfen. Felder, die der Turm überquert, dürfen dagegen vom Feind beherrscht sein.

Anders herum gesehen ist die Rochade also nicht erlaubt unter folgenden Umständen:

1. Der König darf nicht aus einem Schachgebot »wegrochieren«.
2. Der König darf kein Feld überschreiten, das von einem feindlichen Stein beherrscht wird, wohl aber der Turm.
3. Befindet sich ein Stein zwischen König und Turm, darf nicht rochiert werden.

Es ist also nicht erlaubt, aus einem Schachgebot wegzurochieren. Ist aber ein Schachgebot regulär erwidert worden, kann im nächsten Zug oder später noch rochiert werden, sofern König oder Turm zuvor nicht gezogen haben.

Test 5

Fragen:

1. Muß ein Bauer, der die letzte Reihe erreicht hat, umgewandelt werden, oder kann er dort noch eine Zeitlang als Bauer stehen bleiben?
2. Wenn man noch die Dame aus der Grundstellung im Spiel hat, darf man dann trotzdem in eine zweite Dame umwandeln?
3. Darf man eine feindliche Figur auf der letzten Reihe mit einem Bauern schlagen und gleichzeitig in eine beliebige Figur umwandeln?
4. Wäre es regulär, wenn eine Partei plötzlich mit drei Springern spielte, oder mit zwei Läufern, die beide auf hellen Feldern zögen?
5. Kann man in einen zweiten König umwandeln?
6. Betrachten wir uns das linke Diagramm: Kann Weiß kurz und lang rochieren? Und wie sieht das mit Schwarz aus? Darf er kurz und lang rochieren?
7. Dieselbe Frage für das rechte Diagramm: Welche Rochademöglichkeiten haben Schwarz und Weiß?

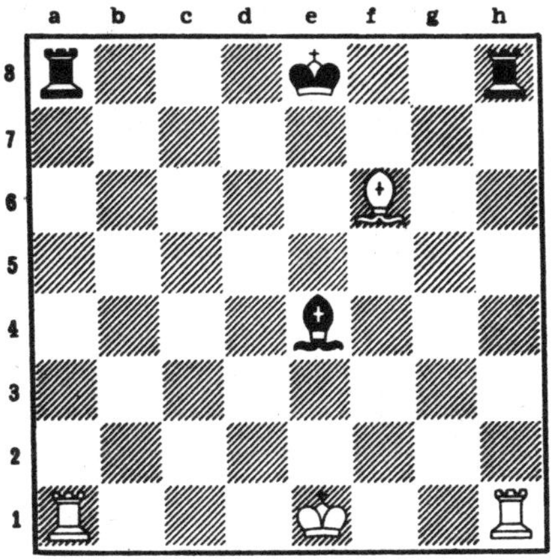

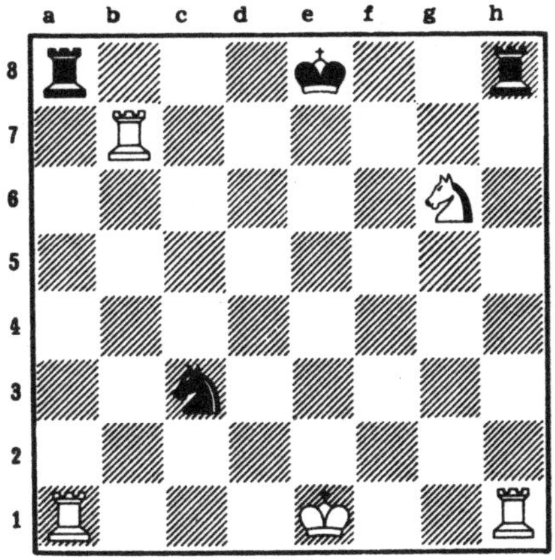

Antworten:

1. Ja, er muß sofort umgewandelt werden; das heißt, der Umwandlungswunsch muß gesagt werden, und der Bauer repräsentiert die genannte Figur, selbst wenn er nicht sofort in diesen Stein umgetauscht werden sollte.
2. Ja, der Spieler kann nach freier Wahl und ohne Rücksicht auf die noch auf dem Brett vorhandenen Figuren in eine Figur umwandeln, ausgenommen in einen König.
3. Ja, es ist gleichgültig, wie ein Bauer auf die letzte Reihe gelangt, nur regelgerecht muß es sein. Und es muß in eine Figur derselben Partei umgewandelt werden.
4. Ja, aus dem unter 2. genannten Grund.
5. Nein. Begründung siehe Antwort 2.
6. Der König darf kein Feld überschreiten, das von einer feindlichen Figur beherrscht wird. Also darf Schwarz nicht lang rochieren, weil der König das Feld d8 überschreiten müßte und dieses Feld vom weißen Läufer auf f6 kontrolliert ist. Die kurze Rochade ist für Schwarz möglich, da der Turm bedroht sein kann und auch ein vom Gegner kontrolliertes Feld überschreiten darf. Weiß kann aus diesem Grund die kurze und die lange Rochade ausführen.
7. Schwarz darf nicht kurz rochieren, da das Feld f8, das der König überschreiten müßte, vom weißen Springer beherrscht wird. Die lange Rochade kann er durchführen, da der weiße Turm nicht auf den König einwirkt. Wenn wir uns im Geiste den weißen König nicht auf e1 sondern auf d2 vorstellen, dann sehen wir folgende Situation nach der langen Rochade von Schwarz: Der Turm auf d8 gibt dem weißen König auf d2 »Schach«; gleichzeitig ist der weiße Turm auf b7 bedroht. Da Weiß zuerst seinen König verteidigen muß, kann Schwarz im nächsten Zug mit dem König den Turm schlagen.

   Weiß darf in diesem Stellungsbild kurz rochieren, da der Raum zwischen König und Turm nicht bedroht ist. Lang rochieren kann Weiß nicht, da der Springer das Feld d1 beherrscht, das der König überschreiten müßte.

Schach und Matt

Muß „Schach“ angesagt werden? „J'adoube“

Erinnern wir uns an das Ziel der Schachpartie, das Mattsetzen, beziehungsweise die Gefangennahme des gegnerischen Königs. Gewinner einer Schachpartie ist der Spieler, der zuerst den gegnerischen König schlagen kann. Dieses Schlagen — wir haben das schon festgestellt — findet aber nicht statt, die Partie wird schon einen Zug vorher abgebrochen. In der Mattstellung könnte der König dem Geschlagenwerden im nächsten Zug nicht mehr ausweichen. Er ist »schachmatt«, der Gegner hat ihn »mattgesetzt«.

Ein König ist also matt, wenn ihm von einem feindlichen Stein »Schach« geboten ist und es dem König unmöglich ist,

1. den schachbietenden Stein zu schlagen oder
2. das Schachgebot durch Dazwischensetzen einer eigenen Figur abzuwehren oder
3. den König aus dem Schach wegzuziehen.

Ist keine dieser drei Abwehren möglich, so ist der König matt. Bei einem Schachgebot sagt man üblicherweise »Schach«; sieht der Spieler, daß es matt ist, so sagt er »Matt« oder »Schachmatt«. Erkennt auch der mattgesetzte Spieler die Ausweglosigkeit, so gibt er sich geschlagen, und die Partie ist zu Ende.

Ein Schachgebot muß nicht angesagt werden. Es ist jedoch in freien Partien üblich, »Schach« anzusagen, damit der Gegner auf alle Fälle im Bilde ist und Zeitverlust vermieden wird. In Turnieren wird weder »Schach« noch »Matt« angesagt.

Wird ein Schachgebot vom Gegner übersehen, so muß der Spieler darauf aufmerksam gemacht werden. Ein Zug, der ein Schachgebot nicht abwehrt, ist irregulär, also ungültig und muß zurückgenommen werden. Statt dessen muß ein Zug gemacht werden, der das Schach aufhebt. Kann dem Schachgebot mit einem inzwischen berührten Stein begegnet werden, so muß mit diesem Stein auch gezogen werden. Diese Regel entspricht dem Grundsatz »*Berührt — geführt*«, den wir uns an dieser Stelle gleich merken wollen:

Im Turnierspiel muß also ein berührter eigener Stein ziehen und ein berührter gegnerischer Stein muß geschlagen werden. Ein ausgeführter Zug darf

nicht zurückgenommen werden, es sei denn, er ist regelwidrig. Und dieses Prinzip sollte man auch bei Freundschaftsspielen gelten lassen. Das Zurücknehmen eines Zuges, sei es auch mit großzügiger Einwilligung des Partners, hat doch den Sinn, einen Fehler zurückzunehmen, um dann in der Fortsetzung den Gegner besiegen zu können. Schach ist aber ein edles und ritterliches Spiel, das auf den Prinzipien jedes fairen Kampfes beruht.
Will man einen eigenen oder gegnerischen Stein nur einfach zurechtrücken und besser auf sein Feld stellen, so kündigt man das vorher an mit »Ich rücke zurecht« — oder üblicherweise auf französisch: »J'adoube« (sprich: »schadub«) — damit der Partner weiß, daß der berührte Stein nicht gezogen werden soll.
Erfahrene Spieler geben in aussichtsloser Lage schon vor dem Matt die Partie auf; besser ist es aber, sich bis zum letzten Zug zu wehren. Die Schachliteratur ist voll von verblüffenden Rettungsmöglichkeiten im letzten Augenblick und ein Scherzwort im Schach besagt: »Man gibt Briefe und Pakete auf, aber keine Schachpartien!«
Wir wollen uns nun verschiedene Stellungen ansehen, die das »Schach« und das »Matt« zeigen!

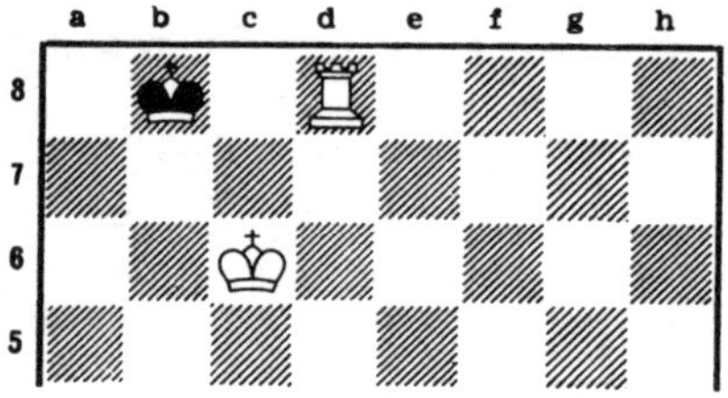

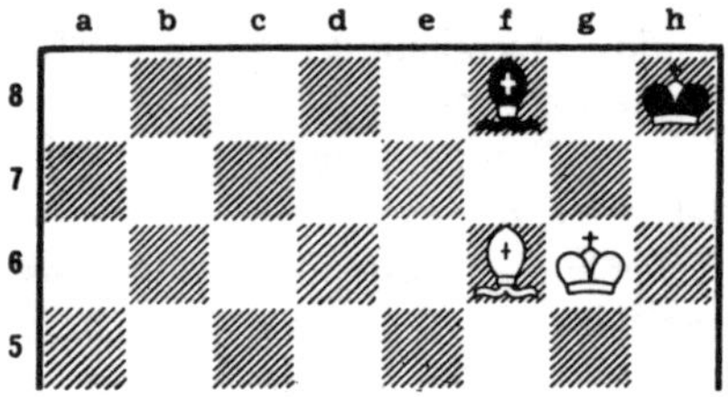

In der Stellung links ist Schwarz nicht matt, der König kann nach a7 ausweichen. Rechts steht Schwarz im Schach des Läufers. Der König kann aber nach g8 ausweichen oder seinen Läufer auf g7 dazwischensetzen. Die Wirkung des Läufers auf f6 nach h8 ist damit unterbunden. Allerdings könnte der weiße Läufer im nächsten Zug dann den schwarzen Läufer schlagen und erneut Schach geben, ohne selbst in Gefahr zu geraten. Matt wäre der schwarze König aber immer noch nicht.
Auch in den je vier Stellungsbildern der folgenden Diagramme stehen die Könige im Schach.
Im linken Diagramm ist in keinem Fall ein König matt; der schwarze König auf b2 kann sogar die Dame schlagen. Im rechten Diagramm aber sind alle Könige matt. Kein König kann auf ein Fluchtfeld ausweichen, auch kann die mattgebende Figur nirgends geschlagen werden.

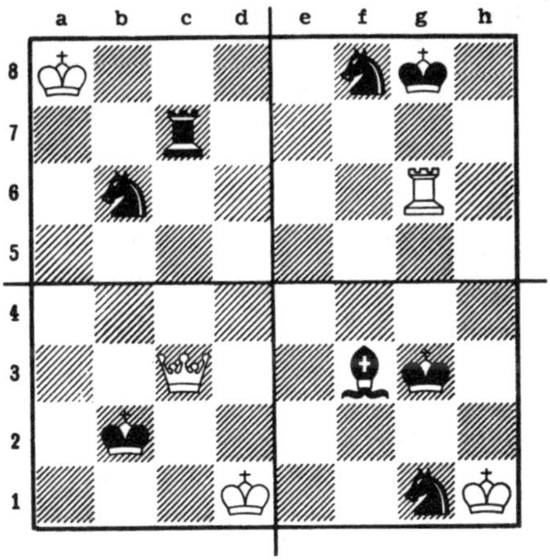

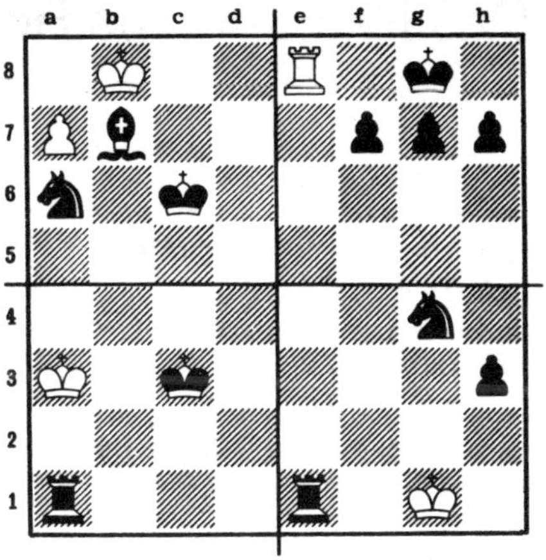

Gardez

Den Angriff auf die Dame sagt man in der Regel überhaupt nicht an, schon gar nicht bei Turnieren. Will man es in Freundschaftspartien aber ausnahmsweise tun, so heißt das Gebot: »Gardez!« (sprich: gardeh). Dieses französische Wort heißt wörtlich übersetzt: »Sehen Sie!« oder »Betrachten Sie!« und bedeutet hier dann soviel wie »Achtung, die Dame ist in Gefahr, schützt die Dame!«

Das Patt und das Remis

In einer Schachpartie gibt es nicht immer einen Sieger und einen Verlierer. Gelingt es keiner Partei, den gegnerischen König mattzusetzen, bleibt die Partie unentschieden oder »remis« (sprich: remi).
Das Remis kann auch durch Vereinbarung der beiden Parteien erfolgen. Sieht ein Spieler, daß für ihn keine Gewinnmöglichkeit mehr besteht und ist er außerdem der Meinung, daß auch der Gegner keine Chancen mehr besitzt, so kann er dem Gegner »remis?« vorschlagen. Der Gegner kann annehmen oder ablehnen, wie es seine Meinung oder sein Wille ist. Akzeptiert der Gegner, dann wird das Spiel abgebrochen.
Eine absolute Remisstellung sehen wir im linken Diagramm. Die zwei nackten Könige können nichts mehr ausrichten; das Remis ist zwangsläufig. Auch die Position im rechten Diagramm ist ausgeglichen, denn jede Seite besitzt König und Dame; wer am Zuge ist, kann immer Schach bieten, oder er kann die gegnerischen Schachgebote abwehren.

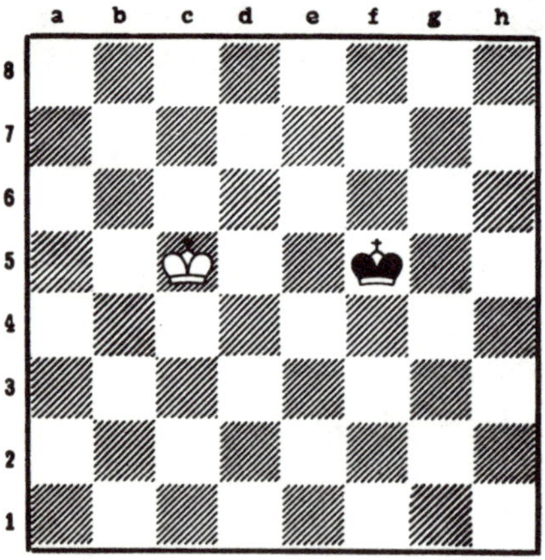

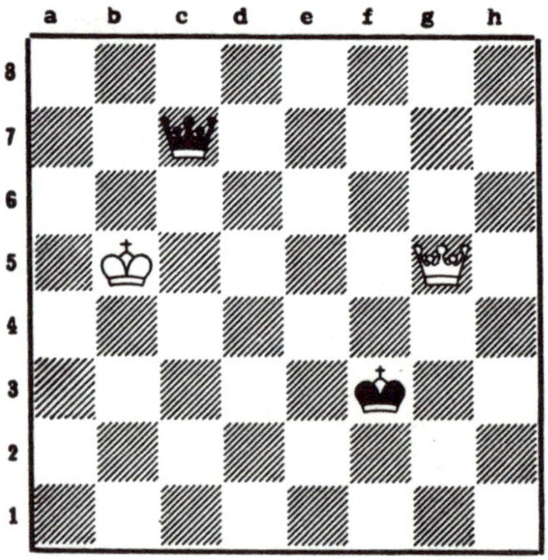

Man spricht hier vom sogenannten Dauerschach, auf das wir später noch einmal eingehen werden. Ein Dauerschach ergibt sich, wenn eine Partei der anderen Schach bietet, der König flieht und die schachbietende Figur folgt, um erneut Schach zu bieten. Nach drei Zügen Zugwiederholungen gilt die Partie als remis.

In der Regel werden Endspiele, in denen keine Bauern mehr auf dem Brett stehen, und somit keine Umwandlungen mehr möglich und zu befürchten sind, und in denen sonst Materialgleichheit herrscht, remis gegeben. Ein solcher Fall wäre etwa König und Turm gegen König und Turm.

Nach den internationalen Schachregeln kann ein Remis auch verlangt werden, wenn sich im Laufe eines Spiels die Züge beider Seiten dreimal wiederholen und dadurch dreimal dieselbe Situation entsteht. Dabei müssen die drei Züge, die zur gleichen Stellung führen, nicht hintereinander liegen, wohl aber mit demselben Spieler am Zuge vorgenommen worden sein.

Es gibt noch eine Regel, nach der ein Remis in Frage kommt: die 50-Züge-Regel. Diese Regel besagt, daß eine Partie dann als unentschieden anzusehen ist, wenn seit dem letzten Schlagfall oder seit dem letzten Zug eines Bauern 50 Züge vergangen sind. Auch auf diese Regel werden wir noch einmal zurückkommen.

Ein Unentschieden kann sich aber auch durch das Patt ergeben. Es kommt vor, daß ein Spieler am Zuge ist, aber nicht mehr ziehen kann. Steht dabei der König im Schach, so ist er matt. Steht der König bei dieser Situation nicht im Schach, so ist Patt eingetreten. Und patt ist unentschieden oder remis.

Auf unseren Bildern sind einige Patt-Situationen gestellt, die häufig bei ungeübten Spielern vorkommen. Auf dem linken Bild oben ist der weiße König auf a8 patt, wenn Weiß am Zuge ist. Sie werden einwenden, der König könne doch auf eines der drei angrenzenden Felder ziehen; diese Felder werden von der schwarzen Dame beherrscht und ein Zug mit dem König auf ein vom Gegner beherrschtes Feld ist verboten. Wäre Schwarz am Zug, so könnte er durch einen entsprechenden Zug der Dame das Patt aufheben.

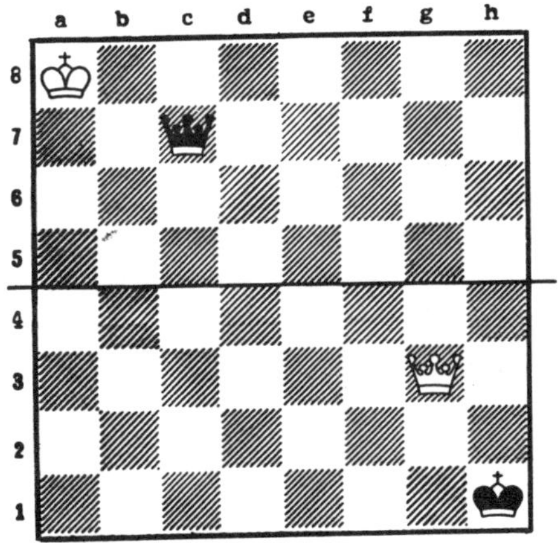

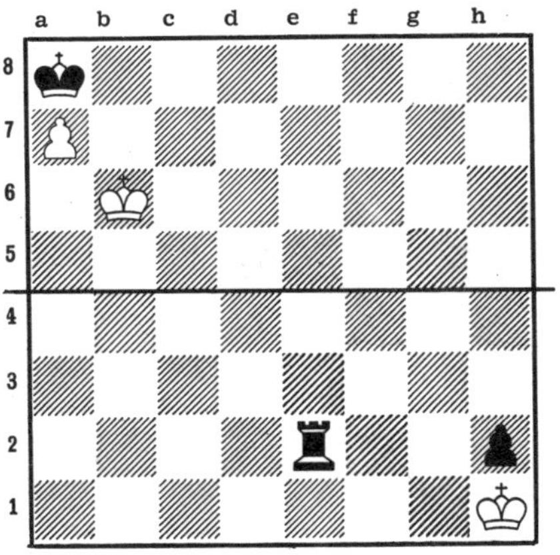

Auf dem Halbbild links unten ist die Situation umgekehrt: Patt entsteht, wenn Schwarz am Zuge ist.
Auf dem Bild rechts ist das Unentschieden nicht zu vermeiden. Nehmen wir an, Schwarz sei am Zuge: Er kann nicht ziehen, da die beiden Felder neben dem König vom Gegner beherrscht sind. Aber auch, wenn Weiß in dieser Situation am Zuge wäre, würde die Partie remis ausgehen, denn: Zöge der weiße König beispielsweise nach a6, um den Bauern zu decken, so wäre Schwarz mit dem nächsten Zug patt; zöge der König aber auf ein anderes Feld, etwa nach c7, dann würde Schwarz mit dem nächsten Zug den Bauern auf a7 schlagen; es blieben dann nur noch die beiden Könige übrig und die Partie wäre unentschieden.
Auch in der Situation der rechten unteren Bildhälfte ist Weiß patt, wenn er am Zuge ist, denn das Feld g1 wird vom schwarzen Bauern h2, das Feld g2 vom schwarzen Turm beherrscht; der Bh2 selbst ist vom Turm gedeckt, kann also nicht vom König geschlagen werden. Der König steht nicht im Schach, also endet die Partie — mit Weiß am Zug! — patt oder unentschieden. Schwarz am Zug könnte das Patt allerdings aufheben (Te1 + etwa).

Test 6

Fragen:

1. Muß ein Schachgebot angesagt werden?
2. Darf ein mattgesetzter König vom Brett entfernt werden?
3. Bedeuten »unentschieden« und »remis« dasselbe? Worin besteht ggfs. der Unterschied?
4. Was ist »Patt« und wo liegt der Unterschied zum »Matt«?
5. Unter welchen Voraussetzungen kann ein Spieler im Laufe der Partie dem Gegner »remis« vorschlagen, und was geschieht, wenn der Gegner ablehnt?
6. Sie haben übersehen, daß Ihr König im »Schach« steht und einen Zug gemacht, der das Schachgebot nicht aufhebt. Haben Sie nun das Spiel verloren?

Antworten:

1. Nein. Es besteht grundsätzlich keine Ansagepflicht, es ist aber in freien Partien üblich.
2. Nein. Es genügt, daß der König nicht mehr gerettet werden kann. Die Partie wird abgebrochen, sobald das Matt erreicht ist.
3. Es gibt keinen Unterschied, die beiden Begriffe sind identisch.
4. Das Patt ist eine spezielle Form des Remis. Der Spieler, der patt ist, hat keinerlei Zugmöglichkeiten mehr, weder mit seinem König, noch mit einem anderen Stein. Der König steht aber nicht matt, ist also nicht bedroht. Beim Matt hingegen ist es belanglos, ob andere Steine des Spielers noch Zugmöglichkeiten haben. Es genügt, daß der König sich nicht mehr retten kann.
5. Remis kann man dem Gegner immer vorschlagen. Eine andere Sache ist es, ob der Gegner auch darauf eingehen wird. Wenn er ablehnt, geht das Spiel normal weiter, geht er darauf ein, wird es als unentschieden abgebrochen. Letztlich wird man also ein Remis nur vorschlagen, wenn man glaubt, daß das Spiel ohnehin remis enden wird.
6. Nein. Ihr Zug ist ungültig und Ihr Gegner muß Sie nun auf das Schachgebot aufmerksam machen. Sie nehmen Ihren Zug zurück und retten Ihren König. Falls möglich, müssen Sie dabei mit demselben Stein ziehen.

Die Notation

Wir haben nun die Grundregeln des Schachspiels kennengelernt und wollen gleich zeigen, wie eine Schachpartie geführt wird. Dabei wird es notwendig sein, ganze Zugfolgen zu beschreiben. Um nun zu vermeiden, immer wieder mit denselben langen Worten sagen zu müssen: »dieser oder jener Spieler zieht im soundsovielten Zug diesen oder jenen Stein von diesem auf jenes Feld . . .«, wollen wir vorab noch kurz die Notation behandeln.

Notation heißt natürlich nichts anderes als Beschreibung, und man meint damit eine Beschreibung des Geschehens auf dem Schachbrett mit Hilfe bestimmter Zeichen und Kürzel. Die Notation hat letztlich den praktischen Zweck, daß wir den Verlauf einer Partie aufzeichnen können. Im Turnier ist das Schreiben sogar Pflicht für beide Spieler. Anhand der Notation kann der Verlauf der Partie genau verfolgt, eventuell rekonstruiert und später nachgespielt werden. Mit Hilfe der Notation kann auch eine bestimmte Stellung festgehalten, markiert werden, indem man einfach die Standfelder der Steine angibt. So sind zum Beispiel die Schachaufgaben in den Zeitungen und Zeitschriften notiert.

Einige wichtige Bezeichnungen, die zur Notation gehören, haben wir schon kennengelernt. So wissen wir, daß man jedes einzelne Feld des Schachbrettes durch die Kombination von Buchstaben und Zahlen für die Linien und Reihen genau angeben kann. Und wir kennen schon die Kurzzeichen für die einzelnen Schachfiguren. Es sind die Anfangsbuchstaben der Figuren; die Bauern sind ohne Zeichen.

Zur Notation gehört auch, was wir für unsere Stellungsbilder (Diagramme) generell vorausgesetzt haben, nämlich daß Weiß »unten« sitzt und bei Weiß links unten die Bezeichnung der Reihen und Linien mit 1 und a beginnt. Die Steine von Weiß stehen also in der Grundstellung auf der 1. und 2. Reihe, die von Schwarz auf den Reihen 7 und 8. Außerdem gehören folgende Zeichen (Kürzel) zur Notation:

× oder : = schlägt
— = zieht nach
\+ = Schach
\+ + = Doppelschach
╪ = matt
0—0 = kurze Rochade

0—0—0	=	lange Rochade
!	=	guter Zug
?	=	schlechter Zug
! ?	=	zweischneidiger Zug, unklar
i. V.	=	Schlagen im Vorübergehen
e. p.	=	dasselbe in französisch (en passant)

Sie brauchen diese Zeichen nun nicht gleich auswendig zu lernen; schlagen Sie einfach nach, wenn ein solches Zeichen auftaucht. Bald werden Sie sie dann »i. V.« und ganz ohne Probleme gelernt haben.

Die Notation eines Zuges beginnt mit der Numerierung des kompletten Zuges. Es ist einleuchtend, daß man fortlaufend 1., 2., 3. usw. numeriert. Wie Sie wissen, gehört zu einem kompletten Zug je ein Zug von Weiß und Schwarz, und da Weiß grundsätzlich den ersten Zug hat, notieren wir auch genau in dieser Reihenfolge: erst Weiß, dann Schwarz. Sehen wir uns nun einen solchen Zug an, wobei wir einmal annehmen wollen, daß es sich um den 7. Zug einer bestimmten Zugfolge handelt:

7. Ka1—b2 Kd5—e4

Die Übersetzung dieses Zuges ist klar: Im siebten Zug zieht der weiße König von a1 auf das Feld b2 und der schwarze König darauf vom Feld d5 auf das Feld e4. Wollten wir nur den Zug von Schwarz notieren, dann müßten wir zu erkennen geben, daß Weiß bereits gezogen hat. Der gleiche Zug sieht dann so aus:

7. . . . Kd5—e4

Wir merken uns also: Die kompletten Züge werden in einer Zugfolge fortlaufend numeriert. Zuerst wird der Zug von Weiß notiert, dann wird der Zug von Schwarz einfach angehängt. Für den einzelnen Zug wird zunächst der Stein angegeben, der zieht, dann das Ursprungsfeld, von dem aus er zieht; schließlich wird, durch einen Bindestrich getrennt, das Feld genannt, auf das der Stein zieht.

Ein Schlagfall wird anstelle des Bindestriches zwischen Ausgangsfeld und Zielfeld mit einem × gekennzeichnet. Der Stein, der geschlagen wird, wird dabei nicht angegeben. Würde der schwarze König auf seinem Weg von d5 nach e4 zum Beispiel einen weißen Springer schlagen, dann würde das so notiert werden:

7. . . . Kd5×e4

Bauernzüge werden in der Notation nicht mit einem »B« angegeben, sondern es wird nur das Ausgangsfeld und das Zielfeld geschrieben. Der Eröffnungszug von Seite 15 würde also so aussehen:

1. e2—e4 e7—e5

Für die Bauernumwandlung merken wir uns, daß das Zeichen für den Stein, in den umgewandelt worden ist, einfach an das Zielfeld des Bauern angehängt wird. Zum Beispiel:

8. . . . e2×f1D

würde heißen, daß ein schwarzer Bauer von e2 aus einen gegnerischen Stein auf f1 geschlagen hat und sich in eine Dame umwandelt.

Diese Beispiele der Notation sollen uns zunächst genügen. Bei der Besprechung von Zugfolgen in den weiteren Kapiteln wird uns die Notation dann ganz beiläufig klar werden. Nur noch ein Hinweis: Wir haben hier die »ausgeschriebene Notation« kennengelernt. Es gibt auch noch eine »abgekürzte Notation«, bei der nur das Zielfeld des gezogenen Steins angegeben wird. Der Nachspielende muß dabei selbst feststellen, von welchem Feld der Stein kommt. Die notierten Züge sind dabei letztlich genauso verständlich, nur hat der ungeübte Spieler zunächst Schwierigkeiten, das Ausgangsfeld schnell festzustellen.

Wie eine Schachpartie geführt wird

Nun kann's losgehen mit dem Spiel. Sie sitzen vor dem Brett, ihrem Gegner gegenüber, und sollen anfangen. Sie haben gehört, daß Schach ein Intelligenzspiel sei, daß man die Züge im voraus planen müsse, auch noch die künftigen Züge des Gegners voraussehen sollte ... und was dergleichen mehr gesagt wird.

Lassen Sie sich dadurch nicht beirren. All das kommt im Laufe der Zeit mit wachsender Erfahrung wie von selbst. Damit Sie aber am Anfang nicht planlos mit Ihren Steinen umherziehen, halten Sie sich die drei Stufen einer Schachpartie vor Augen: *Eröffnung — Mittelspiel — Endspiel.*

Die Eröffnung dient dazu, die in Grundstellung stehenden Mittelbauern und Figuren möglichst rasch in günstige Stellungen (Positionen) zu bringen, von wo aus sie dann den Gegner angreifen können. Man rückt zur Eröffnung erst einmal die Mittelbauern um einen oder um zwei Schritte vor und bringt dann die Läufer und Springer heraus. Bitte merken Sie sich: Im allgemeinen erst die Spinger herausbringen, und dann erst die Läufer.

Sobald der Weg zwischen König und Turm frei ist, wird rochiert. Das Herausbringen der Figuren bezeichnet man als »Entwicklung«; sie ist erstes Gebot einer guten Spielführung. Um dem Gegner überlegen zu sein, müssen möglichst viele Steine »entwickelt« sein, und zwar auf Feldern in der Mitte des Schachbretts. Ein geübter Spieler wird es ohne zwingenden Grund gar nicht erst versuchen, mit nur einer einzigen Figur einen Angriff auf den gegnerischen König zu starten.

Nach der Eröffnung beginnt das Mittelspiel. Das kann so um den zehnten bis zwölften Zug herum der Fall sein. Beide Parteien haben ihre Figuren »entwickelt«, die Mobilmachung ist damit beendet. Bauern und Figuren stehen sich im Zentrum gegenüber und treffen aufeinander. Hier werden gegnerische Bauern abgetauscht, damit sich Linien öffnen, auf denen die leichten (Läufer und Springer) und schweren (Dame und Türme) Figuren Wirkung entfalten können. Mitunter werden auch eigene Steine freiwillig geopfert, wenn man dadurch Vorteile für sich erhofft.

Der Sinn des Schachspiels ist aber nicht ein wildes Drauflosschlagen und der Versuch, das Brett abzuräumen. Alleiniges Ziel ist das Mattsetzen des feindlichen Königs, ein Ziel, das der Spieler nicht aus dem Auge verlieren soll.

Selbstverständlich nehmen wir jede Gelegenheit wahr, den Gegner materiell zu schwächen, vorausgesetzt, es ist gut und wir haben nicht einen besseren Zug, etwa eine Mattkombination. Wir erinnern uns der zwei Wege, den Sieg in der Partie anzustreben:

1. Der direkte Mattangriff
2. Die allmähliche Stellungsverbesserung, die zu materiellen Vorteilen oder zu positionellen Vorteilen führt. Als Folge dieser Vorteile und Überlegenheit ergibt sich die Möglichkeit, den geschwächten Gegner mattzusetzen.

Im Schach ist aber nicht die materielle Überlegenheit ausschlaggebend, sondern die geistige Überlegenheit. Was das Schach so reizvoll macht, ist, daß die Materie von der Idee besiegt werden kann. Was nützt es einem Spieler, wenn er etwa um eine Dame stärker ist, sein König aber dem Matt nicht entrinnen kann? Sehen wir uns dazu ein Beispiel an:

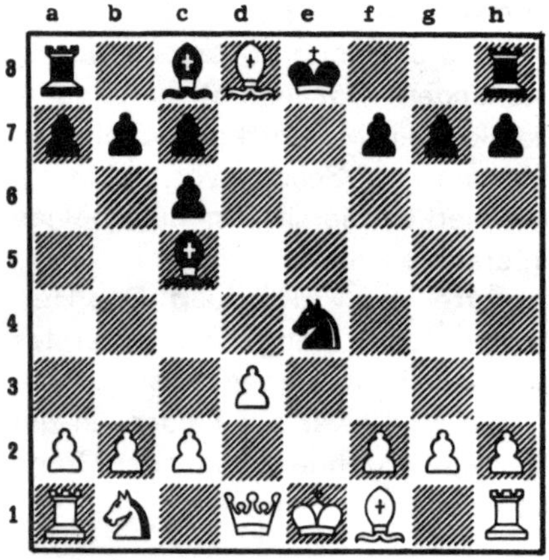

In unserem Diagramm, Schwarz ist am Zuge, besitzt Weiß die materielle Übermacht: Er hat eine Dame mehr. Schwarz hat mit einer Kombination, einer vorherberechneten Zugfolge, ein Damenopfer gebracht. Dabei sah er voraus, daß, wenn der Gegner das Opfer annimmt, dessen König der Mattkombination erliegen wird. Solche Kombinationen braucht der theoretisch geschulte Spieler nicht mehr selbst zu erfinden oder auszudenken; sie existieren in der Theorie und werden auswendig gelernt wie irgendein anderes Wissen.

Unser Beispiel ist der Schluß einer bekannten Eröffnungsfalle. Schwarz setzt in zwei Zügen matt durch

1. . . . Lc5×f2+
2. Ke1—e2 Lc8—g4‡

(Die ganze Zugfolge lautet in Kurznotation übrigens: 1. e4 e5 2. Sf3 Sf6 3. Se5: Sc6 4. Sc6: dc6: 5. d3 Lc5 6. Lg5? Se4:! 7. Ld8: ? ... und weiter wie oben. Mit dem 3. Zug brachte Schwarz ein Bauernopfer. Der 6. Zug von Weiß war der erste Fehler; Weiß hätte besser Lf1—e2 gespielt und die Rochade angestrebt. Im 7. Zuge sollte Weiß nicht so habgierig sein, sondern das seinem König drohende Matt erkennen. Mit 7. Dd1—e2 könnte Weiß das Schlimmste verhüten, allerdings auf die Dauer nicht den Verlust der Partie.)

Im Endspiel ist das Brett oft ziemlich leer; viele Figuren sind geschlagen. Nun gewinnen die Bauern erhöhte Bedeutung: Gelingt es einem, die letzte Reihe zu erreichen, kann er in eine Dame oder in eine andere Figur verwandelt werden. Das kann den Ausgang eines Spieles oft entscheidend beeinflussen.

Aber nicht jede Partie läuft nach diesem Muster ab: Eröffnung, Mittelspiel, Endspiel. Mitunter strauchelt ein Spieler schon nach einer schlechten Eröffnung, verliert frühzeitig die Dame und muß aufgeben, bevor das Spiel eigentlich so recht begonnen hat. Wir werden das gleich sehen.

Die Eröffnung

Das Spiel kann beginnen, die ersten Schritte auf dem vollen Brett können unternommen werden. Wir wollen nun einige Eröffnungsbeispiele durchspielen, und als erstes bietet sich das »Narrenmatt« an. Spielen Sie bitte auf Ihrem Brett nach, die Beispiele werden für Sie dann deutlicher, und Sie können sie sich besser einprägen.

Das Narrenmatt

Diese Zugfolge wird deshalb so bezeichnet, weil Weiß so (schlecht) spielt, daß Schwarz schon im zweiten Zug mattsetzen kann. Ziehen Sie nun diese Züge nach:

1. f2—f3 e7—e5
2. g2—g4?

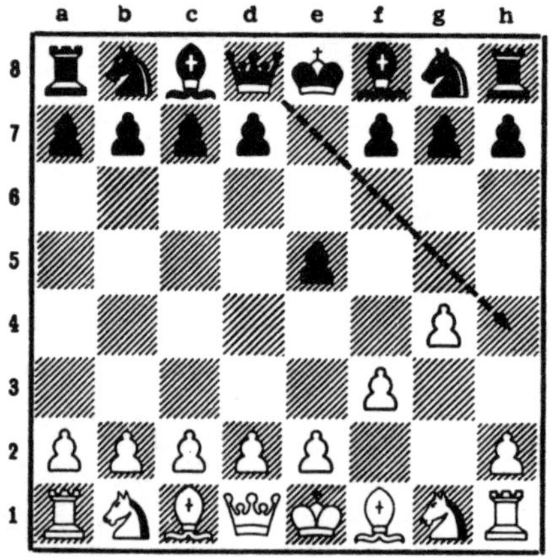

Jetzt haben Sie die Stellung, die nach dem zweiten Zuge von Weiß entstanden ist. Schwarz ist am Zuge und zieht mit der Dame von d8 nach h4, gibt Schach und der Spieler sagt »matt« dazu. Der weiße König hat weder ein Fluchtfeld, noch kann das Schachgebot der Dame anders abgewehrt werden, etwa durch Dazwischensetzen einer anderen Figur. Mit dieser Zugfolge haben Sie gleich ein Beispiel dafür, daß in der Notation bei Bauernzügen nur die Ausgangs- und Zielfelder angegeben sind. Wenn also keine Figur notiert ist, so handelt es sich immer um einen Bauernzug. Der vollständige Zug würde übrigens lauten:

2. g2—g4? Dd8—h4‡!

Das Schäfermatt

Schäfermatt oder Schäferzug ist eine rasche und einfache Methode, den Gegner mattzusetzen. Allerdings, wer ein bißchen Übung hat, kann den Schäferzug leicht abwehren.

1. e2—e4	e7—e5
2. Lf1—c4	Sb8—c6
3. Dd1—f3	d7—d6??

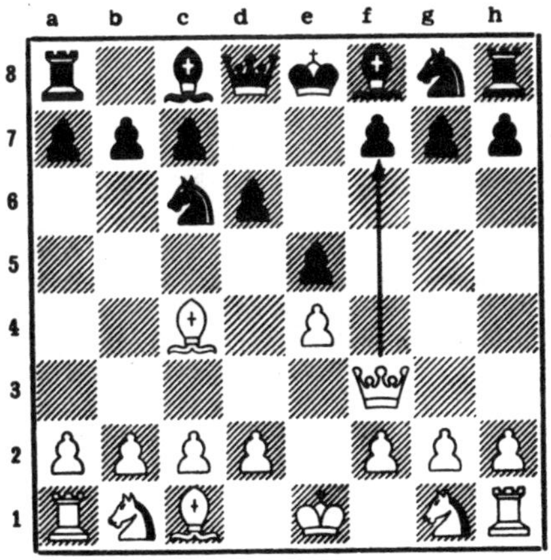

Nach diesem schweren Fehlzug von Schwarz kann Weiß zum entscheidenden Schlag ausholen: Er schlägt mit der Dame den Bauer auf f7 und bietet Schach. Da die Dame vom Läufer auf c4 gedeckt ist, kann der König die Dame nicht nehmen, er ist mattgesetzt.

Alle schwarzen Züge bis auf den letzten waren richtig: d7—d6. Hätte Schwarz das drohende Matt, das Schäfermatt, erkannt, hätte er mehrere Möglichkeiten gehabt, den frühen Angriff abzuschlagen. Zum Beispiel hätte er abwehren können durch 3. ... Sg8—f6 oder durch 3. .. Dd8—e7 oder durch 3. ... Dd8—f6. Andere, aber weniger gute Abwehrmaßnahmen wären gewesen: f7—f6 oder Sg8—h6. Das Schäfermatt ist auch anzutreffen mit dem Damenzug von d1 nach h5 anstelle von d1 bis f3.

Ein früher Damenverlust

Eine Eröffnungsweisheit besagt, man soll nicht zu früh mit der Dame ziehen. Die Dame ist eine wertvolle Figur; sie muß im Einsatz vorsichtig geführt werden. Wagt sich die Dame zu früh vor, so kann sie durch Gegenangriffe schwächerer Steine leicht zurückgeworfen oder auch erobert werden. Ein erfahrener Spieler beläßt im Eröffnungsteil die Dame meistens auf ihrem Standfeld; von ihrer Grundstellung aus hat sie zunächst genügend Wirkung nach allen Seiten und ist gegebenenfalls schnell am Feind.

Die folgende Kombination führt uns vor Augen, wie leicht eine Dame sich verirren und dann gefangen werden kann. Stellen Sie bitte wieder alle Steine in Grundstellung und führen Sie diese Züge aus:

1.	e2—e4	e7—e6
2.	d2—d4	Dd8—f6?
3.	e4—e5	Df6—f5??
4.	Lf1—d3	

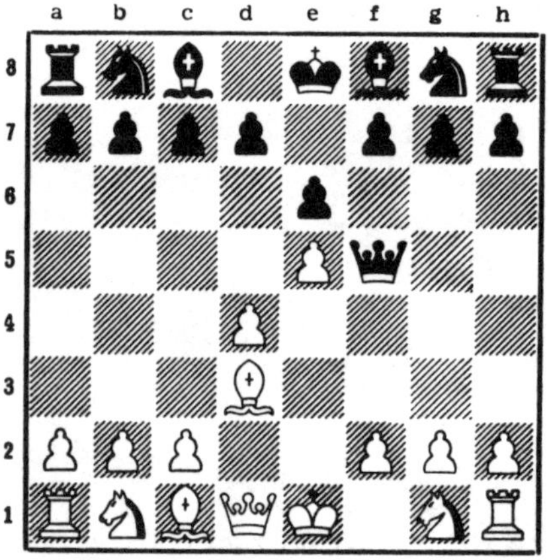

Jetzt ist die schwarze Dame gefangen; sie kann nicht mehr ausweichen und muß sich weit unter Wert austauschen: Sie kann noch den weißen Läufer auf d3 schlagen, wenn sie sich nicht von ihm auf f5 schlagen lassen will, doch dann schlägt die weiße Dame oder der Bauer auf c2 zurück. Ein so schwerer Materialverlust kann von keinem Spieler so leicht verkraftet werden.

Sehen wir uns ein weiteres Beispiel von Damenfang in der Eröffnung an:

1.	e2—e4	e7—e5
2.	d2—d4	e5×d4
3.	Dd1×d4	Sb8—c6

Die weiße Dame ist angegriffen, aber Schwarz wird einen gleichwertigen Partner nicht mit »Gardez!« warnen und noch extra darauf aufmerksam machen. Es wäre einer Situation im Fußball vergleichbar, in der der Elfmeterschütze zum Torwart sagt: »Paß auf, ich schieße in die linke Ecke!«

4. Dd4—c3 Lf8—b4!

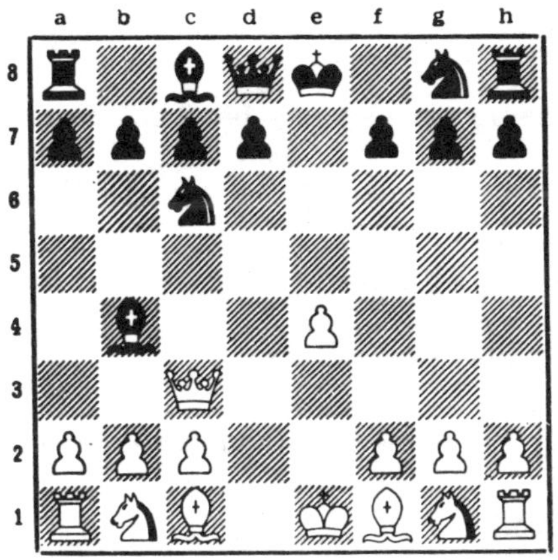

Der Läufer auf b4 bedroht nun die Dame, die an ihren König gefesselt ist. Würde sie wegziehen, zum Beispiel auf g7 schlagen, so wäre der König ins Schachgebot des Lb4 gesetzt. Die Dame kann also nur auf der kleinen Schrägen d2—b4 ziehen oder dort den Läufer schlagen, der aber vom Springer auf c6 geschützt ist und auf b4 wiedernehmen wird. Der Abtausch geht also zuungunsten von Weiß aus, der eine Dame gegen einen Läufer tauschen mußte.

Wir haben nun bereits zwei Eröffnungsregeln, die wir gelernt haben, stillschweigend mißachtet, und zwar zu unserem Vorteil mißachtet:

1. Man soll die Dame nicht zu früh ins Spiel bringen, sondern sie zunächst auf ihrem Standfeld belassen. »..., außer wenn es gut ist!«, hat Tarrasch, ein bekannter Schachmeister, einmal hinzugefügt und dabei auf das Beispiel des Narrenmatts verwiesen. Die Dame zieht im 2. Zug und setzt matt.
2. Man soll die Springer vor den Läufern herausbringen. Diesen Ratschlag, mit dem man meist gut fährt, haben wir im letzten Beispiel verlassen und statt dessen den schwarzen Läufer nach b4 gezogen. Da dieser Zug die Dame fängt, wäre anstatt seiner der Schablonenzug Sg8—f6 direkt ein Fehler gewesen.

Wir sehen, Schach ist das Spiel der Ausnahmen! Eine Erfahrungsregel, die in einigen Situationen durchaus richtig sein mag, ist in einem anderen Fall angewandt unter Umständen falsch. Auch die Eröffnungserkenntnisse sind dauernd in Bewegung. Was vor 150 Jahren als schwach galt und belächelt wurde, wird heute von den Schachexperten oft als gut spielbar bewiesen.

Das Gegenbeispiel: Damenfang

Ein Gegenbeispiel, wie man also frühzeitig die gegnerische Dame fangen kann, zeigt diese Eröffnung:

1. e2—e4 d7—d5

Die sogenannte »Skandinavische Eröffnung«.

2. e4×d5 Dd8×d5

3. Sb1—c3 Dd5—c5?

Richtig wäre gleich der Rückzug nach d8 oder nach a5.

4. d2—d4

Mit Angriff auf die Dame gewinnt Weiß ein neues Entwicklungstempo.

4. . . . Dc5—c6??

5. Lf1—b5! (siehe linkes Diagramm)

Wieder kann sich die Dame (linkes Diagramm) dem Zugriff des Läufers nicht entziehen, weil sie an den eigenen König gefesselt ist.

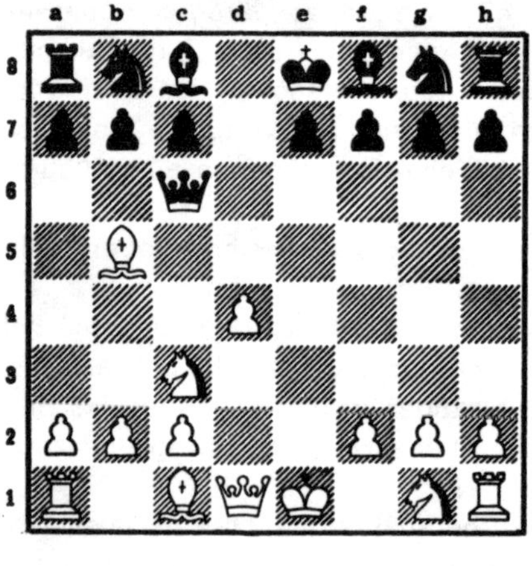

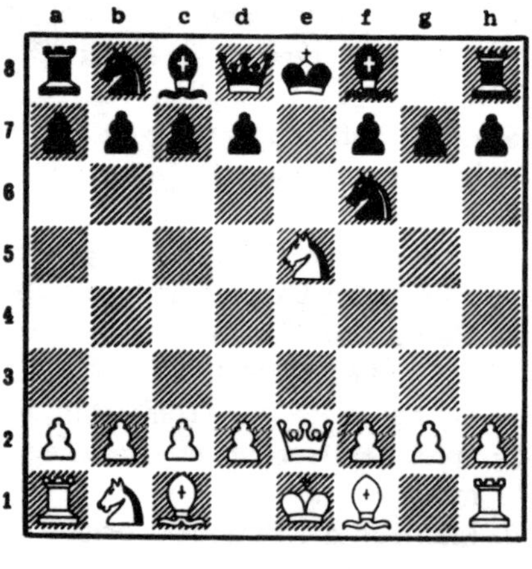

Das aufgedeckte Schachgebot

1. e2—e4 e7—e5

2. Sg1—f3 Sg8—f6

Hier sehen wir die sogenannte »Russische Verteidigung«. Den Angriff des weißen Springers im 2. Zug auf den Bauern e5 beantwortet Schwarz mit Gegenangriff auf den weißen Bauern.

3. Sf3×e5 Sf6×e4?

Korrekt wäre erst 3. ... d7—d6 4. Se5—f3 und erst dann Sf6×e4. Nun gerät Schwarz in eine verhängnisvolle Gegenüberstellung seines Königs gegen die weiße Dame.

4. Dd1—e2 Se4—f6?

Besser wäre 4. ... Dd8—e7; 5. De2×e4 d7—d6 und Schwarz wird im Endergebnis mit Bauernverlust davonkommen. Jetzt kommt es zu einem aufgedeckten Schach.

Überlegen Sie bitte genau, wie Weiß mit dem Springer am lukrativsten »abzieht«. Unser Diagramm rechts zeigt Weiß vor seinem 5. Zug und natürlich muß dieser Zug lauten: 5. Se5—c6+!

Dieser Abzug gibt die Wirkungslinie der weißen Dame frei — sie bietet von e2 aus dem schwarzen König Schach. Da man den König nicht im Schach eines feindlichen Steines stehen lassen darf, wird Schwarz die Dame einbüßen; er muß in erster Linie das Schachgebot abwehren. Welche Züge stehen nun Schwarz dafür zur Verfügung?

Schwarz kann das Schachgebot der Dame durch 5. ... Dd8—e7 oder durch 5. ... Lf8—e7 abdecken, abwehren. Sinnlos wäre das Dazwischensetzen des Springers mit 5. .. Sf6—e4, weil Weiß den Springer mit der Dame schlägt und dennoch die feindliche Dame erobert.

Danach wird Weiß im 6. Zug die schwarze Dame mit dem Springer schlagen und hat dabei ein glänzendes Geschäft gemacht. Der Gewinn ist für Weiß wegen der großen Materialüberlegenheit (Springer gegen Dame) in Sicht gerückt.

Das Seekadettenmatt

Ein berühmter Kurzschluß im Schach ist das »Seekadettenmatt«, so benannt nach der Operette »Seekadett« von Segal aus dem 18. Jahrhundert, wo diese Partie auf der Bühne gespielt wurde. Ähnlichen Kombinationen begegnen wir im Schach häufig:

1. e2—e4	e7—e5
2. Sg1—f3	d7—d6
3. Lf1—c4	h7—h6?

Ein unnötiger Sicherungszug gegen den Zug Sf3—g5, denn noch beherrscht ja die schwarze Dame das Feld g5. Richtig wäre 3. ... Lf8—e7, dann Sg8—f6 und dann die Rochade.

4. Sb1—c3 Lc8—g4?

5. Sf3×e5!

Damit gewinnt Weiß mindestens einen Bauern (bei 5. ... d6×e5 6. Dd1×g4)

5. ... Lg4×d1??

Schwarz kann der Versuchung nicht widerstehen. Das werden wir zu unserer Freude oft erleben, daß der Gegner in die ihm gestellte Falle hereinfällt. Schwarz wird jetzt in zwei Zügen mattgesetzt:

6. Lc4×f7+ Ke8—e7

7. Sc3—d5#!

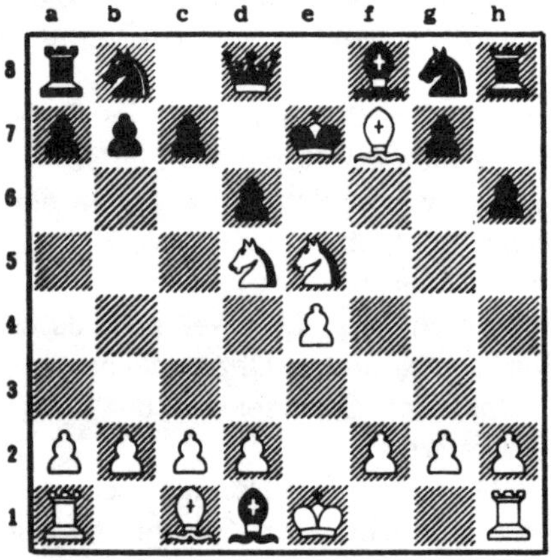

Was hat Schwarz falsch gemacht? Denn ohne groben Fehler kann man ja nicht so früh matt werden! Zunächst hat Weiß darauf spekuliert, daß der Gegner sich auf die fette Beute stürzt. Er hätte bei etwas Überlegung das Opferangebot der Dame abgelehnt und richtig und bescheidenerweise erst den Springer auf e5 genommen, also den Zug 5. Sf3×e5 mit d6×e5 beantwortet.

In Kurznotation wird die Zugfolge des Seekadettenmatts so beschrieben:

1. e4 e5 2. Sf3 d6 3. Lc4 h6? 4. Sc3 Lg4? 5. Se5:! Ld1:?? 6. Lf7:+ Ke7 7. Sd5#!

Auch die abgekürzte Notation ist also klar und verständlich; man muß sich nur erst an diese Kurzschreibweise etwas gewöhnen.

Matt in acht Zügen

Ein weiteres hübsches Beispiel einer originellen Mattkombination ist diese Zugfolge:

1.	e2—e4	e7—e5
2.	Lf1—c4	Sg8—f6
3.	Sg1—e2	c7—c6
4.	d2—d4	Sf6×e4
5.	d4×e5	Se4×f2

Schwarz sieht dabei zwei Züge voraus: Falls Weiß den Springer schlägt, gewinnt Schwarz mit Dd8—h4 + für den geopferten Springer den Läufer auf c4 (Weiß muß das Schach abwehren, und danach nimmt die Dame den Läufer). 6. 0—0!!

Weiß hat aber noch weiter gerechnet und setzt einen Trumpf auf: er rochiert und gibt seine Dame preis. Beachten Sie, daß Weiß trotz des vom Springer f2 angegriffenen Turmes h1 die Rochade machen darf!

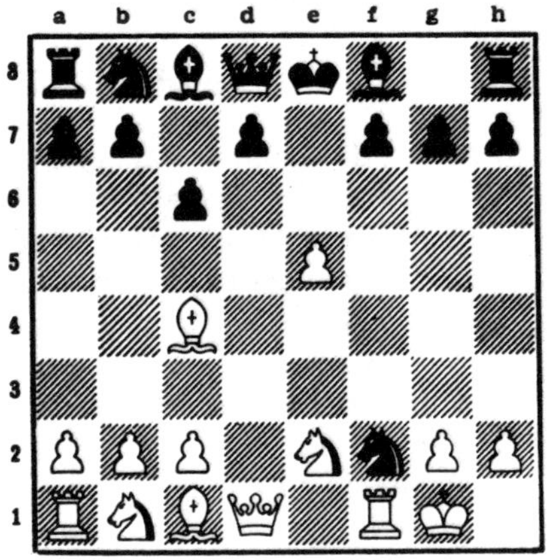

6.	...	Sf2×d1?
7.	Lc4×f7+	Ke8—e7
8.	Lc1—g5╪!	

Die wichtigsten Eröffnungen

Wie Sie an den Beispielen gesehen haben, ist es Ziel der Eröffnung, die Figuren auf günstige Weise ins Treffen zu schicken. Dazu gehört die frühe Besetzung der Mittelfelder. Wer seine Kräfte rascher entwickelt hat, kann früher zu Aktionen schreiten, die Erfolg versprechen.

In der Eröffnung ist erstes Gebot, Tempoverluste (Zeitverluste) zu vermeiden. Dazu gehört natürlich auch, daß man sich nicht selbst behindert, sondern seinen Figuren größtmögliche Bewegungsfreiheit verschafft. Bei allem Tempo darf man allerdings die Sicherung seines Königs nicht vergessen, der ja Angriffen ausgesetzt sein kann, sobald man in der Mitte öffnet. Mit einer frühzeitigen Rochade kann man ihn hinreichend feindlichen Angriffen entziehen. Folgende drei Punkte sollten Sie sich also bei jeder Eröffnung vor Augen halten:

1. Entwickeln Sie Ihre Figuren rasch auf Felder, wo sie wirksam werden können und vermeiden Sie Tempoverluste.
2. Vermeiden Sie dabei Selbstbehinderungen, etwa durch Verstellen des Weges Ihrer Läufer mit eigenen Steinen.
3. Vergessen Sie nicht, Ihren König zu sichern, etwa durch eine frühzeitige Rochade.

Üblicherweise teilt man Schachpartien nach der Art der Eröffnung ein in drei Gruppen, und zwar in offene, halboffene und geschlossene Spiele:

»Offene Spiele« nennen wir solche Eröffnungen, die mit 1. e2—e4 e7—e5 beginnen und in denen es frühzeitig zur Linienöffnung in der Mitte kommt.

»Halboffene Spiele« sind Eröffnungen, in denen Weiß 1. e2—e4 spielt, aber Schwarz anders als e7—e5 antwortet.

»Geschlossene Spiele« sind Eröffnungen, in denen Weiß anders als mit 1. e2—e4 beginnt, also etwa mit 1. d2—d4 oder mit 1. Sg1—f3.

Der Lernende wird mehr Interesse für die »Offenen Spiele« zeigen, weil sie mehr Möglichkeiten zum Kombinationsspiel bieten. In den geschlossenen Stellungen ist ein größeres Positionsverständnis notwendig, das erst Übung und Erfahrung bringen kann.

Tabellen zur Schachtheorie

Zu den aufgezeichneten Zügen sind viele Varianten möglich, das heißt: Schon nach dem 1. Zug kann Weiß oder auch Schwarz anders spielen, ohne daß dies fehlerhaft wäre. Im Gegenteil — die zahllosen Möglichkeiten der Abweichungen schon in der Eröffnung tragen dazu bei, daß das Schach

nicht in der Eröffnung erstarrt. In der Regel aber finden gerade die in der Tabelle vorgeschlagenen Züge millionenfache Anwendung, überall, wo Schach gespielt wird.
Spielen Sie die Züge in der Reihenfolge von oben nach unten nach; die erste Zeile ist der weiße Zug, darunter steht der schwarze Gegenzug, also

e2—e4
e7—e5
Sg1—f3
Sb8—c6

So beginnt die Spanische Partie (auch Spanische Eröffnung) in der ersten Rubrik. Aus den anschließenden Diagrammen kann sich der Leser ein Bild von einigen Eröffnungsstellungen machen.

Zug	1 Spanische Partie	1a	1b	2 Philidor- Verteidigung	2a	3 Italienisch	3a
1.	e2—e4 e7—e5	... ...	... ...	e2—e4 e7—e5	... ...	e2—e4 e7—e5	... ...
2.	Sg1—f3 Sb8—c6	... ...	... ...	Sg1—f3 d7—d6	... ...	Sg1—f3 Sb8—c6	... ...
3.	Lf1—b5 Sg8—f6	... d7—d6	... a7—a6	d2—d4 e5 × d4	... Sg8—f6	Lf1—c4 Lf8—c5	... ...
4.	0—0 Sf6 × e4	d2—d4 Lc8—d7	Lb5—a4 Sg8—f6	Sf3 × d4 Sg8—f6	Sb1—c3 Sb8—d7	c2—c3 Sg8—f6	d2—d3 d7—d6
5.	d2—d4 Lf8—e7	Sb1—c3 Sg8—f6	0—0 Lf8—e7	Sb1—c3 Lf8—e7	Lf1—c4 Lf8—e7	d2—d4 e5 × d4	Sb1—c3 Sg8—f6
6.	Dd1—e2 Se4—d6	Lb5 × c6 Ld7 × c6	Tf1—e1 b7—b5	Lc1—f4 0—0	0—0 0—0	c3 × d4 Lc5—b4 +	Lc1—g5 h7—h6
7.	Lb5 × c6 b7 × c6	Dd1—d3 e5 × d4	La4—b3 d7—d6	Dd1—d2 a7—a6	a2—a4 c7—c6	Lc1—d2 Lb4 × d2 +	Lg5 × f6 Dd8 × f6
8.	d4 × e5 Sd6—b7	Sf3 × d4 Lc6—d7	c2—c3 0—0	0—0—0 d6—d5	a4—a5 h7—h6	Sb1 × d2 d7—d5	Sc3—d5 Df6—d8
9.	Sb1—c3 0—0	Lc1—g5 Lf8—e7	h2—h3 Sc6—a5		Lc4—a2 Tf8—e8	e4 × d5 Sf6 × d5	c2—c3 0—0
10.	Sf3—d4 Le7—c5	0—0—0 0—0	Lb3—c2 c7—c5		d4 × e5 d6 × e5!	Dd1—b3 Sc6—e7	
11.	Tf1—d1 Dd8—e8		d2—d4 Dd8—c7		Dd1—e2 Le7—f8	0—0 0—0	

Zug	4 Schottisch	4a	5 Mittel-gambit	6 Nordisches Gambit	7 Zweispringer-spiel im Nachzug	7a	7b (auch »Preußisch«)	7c
1.	e2—e4 e7—e5	. . . . . .	e2—e4 e7—e5	e2—e4 e7—e5	e2—e4 e7—e5	e2—e4 e7—e5	. . . . . .	. . . . . .
2.	Sg1—f3 Sb8—c6	. . . . . .	d2—d4 e5 × d4	d2—d4 e5 × d4	Sg1—f3 Sb8—c6	Sb1—c3 Sg8—f6	. . . . . .	Sg1—f3 Sb8—c6
3.	d2—d4 e5 × d4	. . . . . .	Dd1 × d4 Sb8—c6	c2—c3 d4 × c3	Lf1—c4 Sg8—f6	Lf1—c4 Sf6 × e4!	. . . . . .	Lf1—c4 Sg8—f6
4.	Sf3 × d4 Sg8—f6	. . . Lf8—c5	Dd4—e3 Sg8—f6	Lf1—c4 c3 × b2	d2—d4 e5 × d4	Sc3 × e4 d7—d5	Lc4 × f7 +? Ke8 × f7	Sf3—g5 d7—d5
5.	Sb1—c3 Lf8—b4	Lc1—e3 Dd8—f6	Sb1—c3 Lf8—b4	Lc1 × b2 d7—d5!	0—0 Sf6 × e4	Lc4 × d5 Dd8 × d5	Sc3 × e4 d7—d5	e4 × d5 Sc6—a5!
6.	Sd4 × c6 b7 × c6	c2—c3 Sg8—e7	Lc1—d2 0—0	Lc4 × d5 Sg8—f6	Tf1—e1 d7—d5	Dd1—f3 Lc8—e6	Dd1—f3 + Kf7—g8	Lc4—b5 + c7—c6
7.	Lf1—d3 d7—d5	Sd4—c2 Lc5 × e3	0—0—0 Tf8—e8	Ld5 × f7 + Ke8 × f7	Lc4 × d5 Dd8 × d5		Se4—g5!? Dd8—d7!	d5 × c6 b7 × c6
8.	e4 × d5 c6 × d5	Sc2 × e3 Df6—e5	Lf1—c4! d7—d6	Dd1 × d8 Lf8—b4 +	Sb1—c3 Dd5—a5		d2—d3 Sb8—c6	Lb5—e2 h7—h6
9.	0—0 0—0	Dd1—f3 0—0	f2—f3 Sc6—e5	Dd8—d2 Lb4 × d2 +	Sc3 × e4 Lc8—e6		Sg1—e2 Lf8—c5	Sg5—f3 e5—e4
10.	Lc1—g5 Lc8—e6		Lc4—b3 Lc8—e6	Sb1 × d2 c7—c5	Se4—g5 0—0—0!			Sf3—e5 Dd8—d4

Zug	8 Vierspringer-spiel	8a	9 Russisch	9a	10 Königs-gambit (ange-nommen)	10a	11 Königs-gambit (ab-gelehnt)	11a	11b
1.	e2—e4 e7—e5	. . . . . .	e2—e4 e7—e5	. . . . . .	e2—e4 e7—e5	. . . . . .	e2—e4 e7—e5		. . . . . .
2.	Sg1—f3 Sb8—c6	. . . . . .	Sg1—f3 Sg8—f6	. . . . . .	f2—f4 e5 × f4	. . . . . .	f2—f4 d7—d5		. . . Lf8—c5
3.	Sb1—c3 Sg8—f6	. . . . . .	Sf3 × e5 d7—d6	. . . . . .	Sg1—f3 h7—h6	. . . d7—d5	e4 × d5 e5—e4		Sg1—f3! d7—d6
4.	Lf1—b5 Lf8—b4	. . . Sc6—d4!	Se5—f3 Sf6 × e4	. . . . . .	Lf1—c4 d7—d6	e4 × d5 Sg8—f6	d2—d3 Sg8—f6		Sb1—c3 Sg8—f6
5.	0—0 0—0	Sf3 × d4 e5 × d4	Dd1—e2 Dd8—e7	d2—d4 d6—d5	d2—d4 g7—g5	Sb1—c3 Sf6 × d5	Sb1—d2 Lc8—f5!	Sb1—c3 Lf8—b4	Lf1—c4 Sb8—c6
6.	d2—d3 d7—d6	e4—e5 d4 × c3	d2—d3 Se4—f6	Lf1—d3 Lf8—d6	g2—g3 Lf8—g7	Sc3 × d5 Dd8 × d5	d3 × e4 Sf6 × e4	d3 × e4 Sf6 × e4	d2—d3 Lc8—e6
7.	Lc1—g5 Lb4 × c3	e5 × f6 c3 × d2 +?	Lc1—g5 De7 × e2 +	c2—c4 Ld6—b4 +	0—0 Lc8—h3	d2—d4 Lf8—e7!	Sg1—f3 Lf8—c5	Dd1—d4 Lb4 × c3 +	Dd1—e2 Dd8—e7
8.	b2 × c3 Dd8—e7	Lc1 × d2 Dd8 × f6	Lf1 × e2 Lf8—e7	Sb1—d2 0—0	Tf1—f2 Sb8—c6	c2—c4 Dd5—e4 +	Sd2 × e4 Lf5 × e4	b2 × c3 0—0!	
9.	Tf1—e1 Sc6—d8	0—0 (Gut ist 7. . . Df6:!)	Sb1—c3 c7—c6	0—0 Lb4 × d2	Lc4—b5 Sg8—e7	Lf1—e2 Sb8—c6	Lf1—b5 + c7—c6!		
10.	. . . . . .		0—0—0 h7—h6	Lc1 + d2 Lc8—g4					
11.	. . .								

1 Spanische Partie

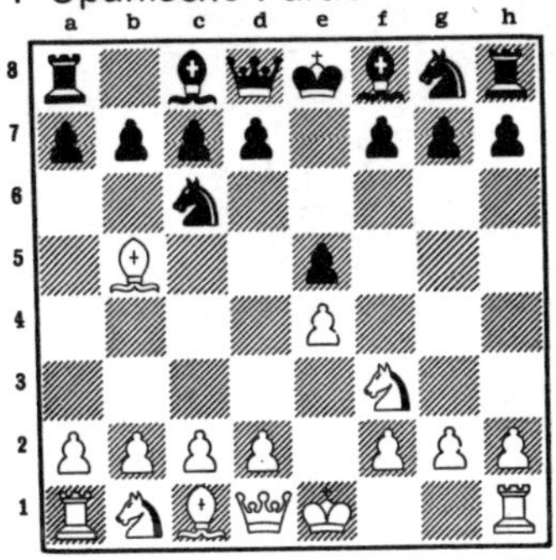

1. e2—e4 e7—e5 2. Sg1—f3 Sb8—c6
3. Lf1—b5

2 Philidor-Verteidigung

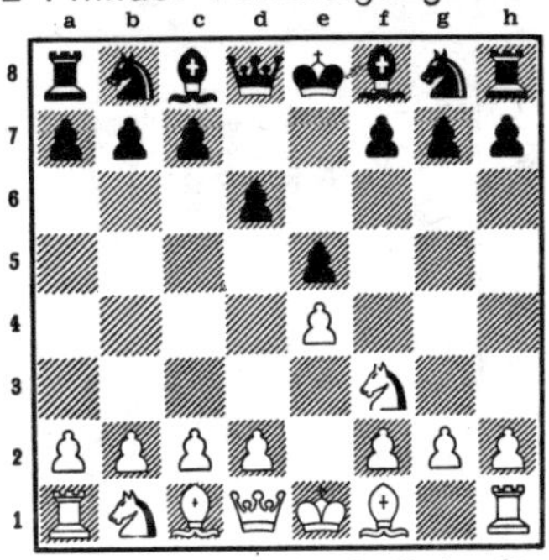

1. e2—e4 e7—e5 2. Sg1—f3 d7—d6

3 Italienisch

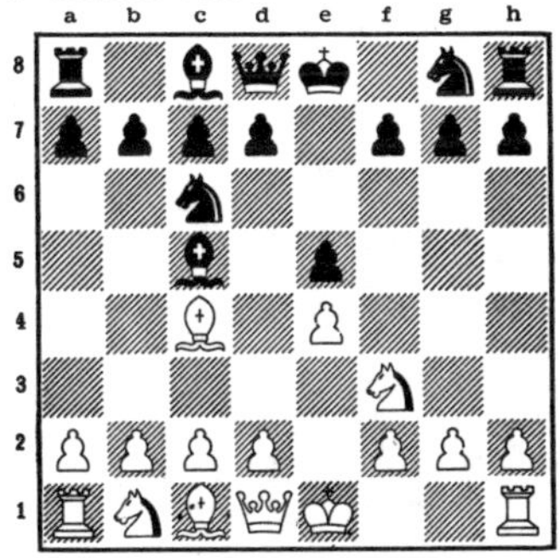

1. e2—e4 e7—e5 2. Sg1—f3 Sb8—c6
3. Lf1—c4 Lf8—c5

8 Vierspringerspiel

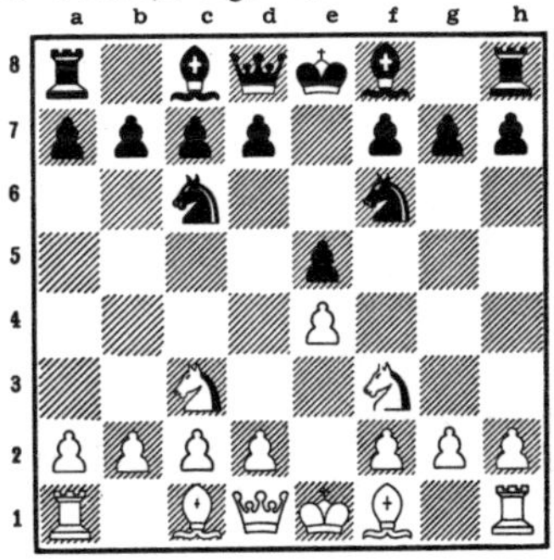

1. e2—e4 e7—e5 2. Sg1—f3 Sb8—c6
3. Sb1—c3 Sg8—f6

10 Königsgambit

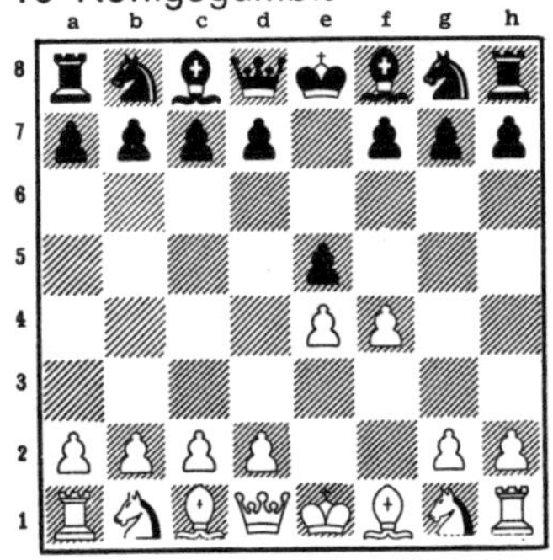

1. e2—e4 e7—e5 2. f2—f4

12 Französische Verteidigung

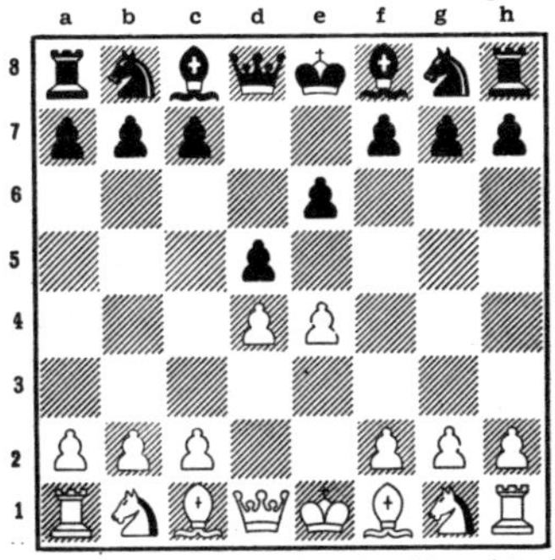

1. e2—e4 e7—e6 2. d2—d4 d7—d5

Zug	12 Französisch	12a	12b	13 Caro-Kann	13a	13b	14 Skandinavisch
1.	e2—e4 e7—e6	. . . . . .	. . . . . .	e2—e4 c7—c6	. . . . . .	. . . . . .	e2—e4 d7—d5
2.	d2—d4 d7—d5	. . . . . .	. . . . . .	d2—d4 d7—d5	. . . . . .	. . . . . .	e4 × d5 Dd8 × d5
3.	Sb1—c3 Sg8—f6	. . . . . .	e4—e5 c7—c5	Sb1—c3 d5 × e4	. . . . . .	e4—e5 Lc8—f5	Sb1—c3 Dd5—a5
4.	Lc1—g5 Lf8—e7	. . . d5 × e4	c2—c3 Sb8—c6	Sc3 × e4 Lc8—f5	. . . Sb8—d7	Lf1—d3 Lf5 × d3!	d2—d4 Sg8—f6
5.	e4—e5 Sf6—d7	Sc3 × e4 Lf8—e7	Sg1—f3 Dd8—b6	Se4—g3 Lf5—g6	Lf1—c4 Sg8—f6	Dd1 × d3 e7—e6	Sg1—f3 Lc8—g4
6.	Lg5 × e7 Dd8 × e7	Lg5 × f6 Le7 × f6	Lf1—e2 c5 × d4	h2—h4 h7—h6	Se4—g5 e7—e6	Sb1—c3 Dd8—b6	h2—h3 Lg4 × f3
7.	Dd1—d2 0—0	Sg1—f3 Sb8—d7	c3 × d4 Sg8—e7	Sg1—f3 Sb8—d7!	Dd1—e2 Sd7—b6	Sg1—e2 c6—c5	Dd1 × f3 c7—c6
8.	f2—f4 c7—c5	Dd1—d2 b7—b6	Sb1—c3 Se7—f5	h4—h5 Lg6—h7	Lc4—b3 h7—h6	d4 × c5 Le7 × c5	Lc1—d2 Sb8—d7
9.	Sg1—f3 Sb8—c6	Lf1—b5 Lc8—b7	Sc3—a4 Db6—a5 +	Lf1—d3 Lh7 × d3	Sg5—f3 c6—c5	0—0 Sg8—e7	0—0—0 e7—e6
10.	g2—g3 f7—f6	Se4 × f6 + g7 × f6	Lc1—d2 Lf8—b4	Dd1 × d3 Dd8—c7		Sc3—a4 Db6—c6	Lf1—c4 Da5—c7
11.	. . . . . .	Dd2—c3 Dd8—e7	Ld2—c3	Lc1—d2 e7—e6			
12.	. . . . . .	Dc3 × c7 De7—b4 +		0—0—0 Sg8—f6			

13 Caro-Kann Verteidigung

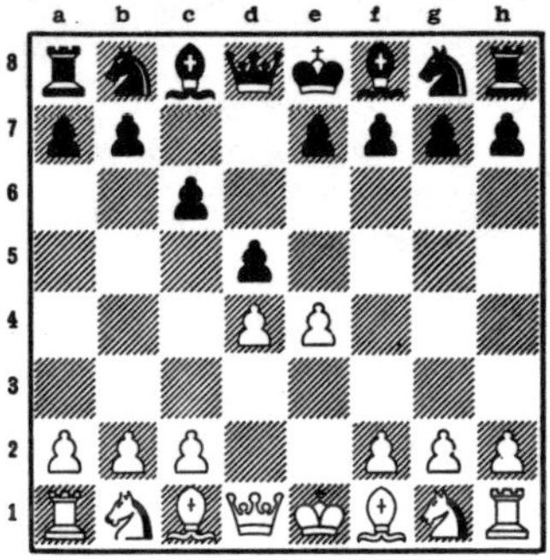

1. e2—e4 c7—c6 2. d2—d4 d7—d5

16 Sizilianische Verteidigung

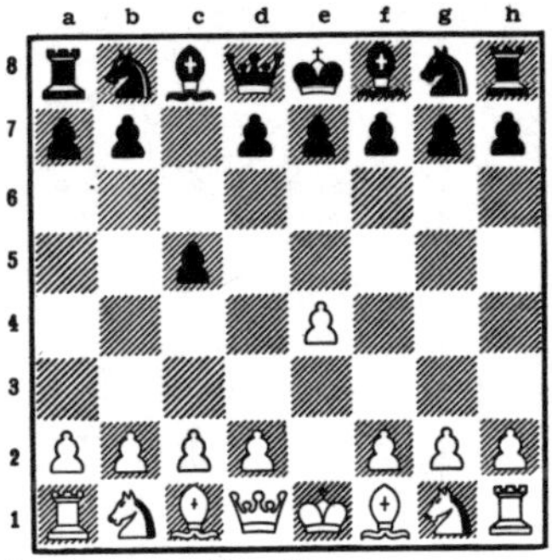

1. e2—e4 c7—c5

18 Königs-Fianchetto

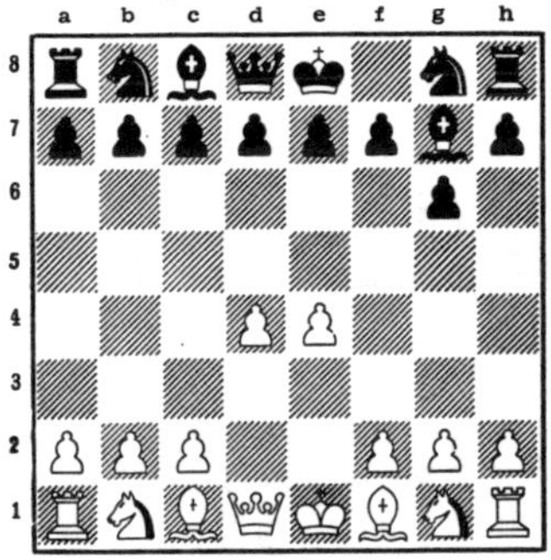

1. e2—e4 g7—g6 2. d2—d4 Lf8—g7

19 Damengambit (angenommen)

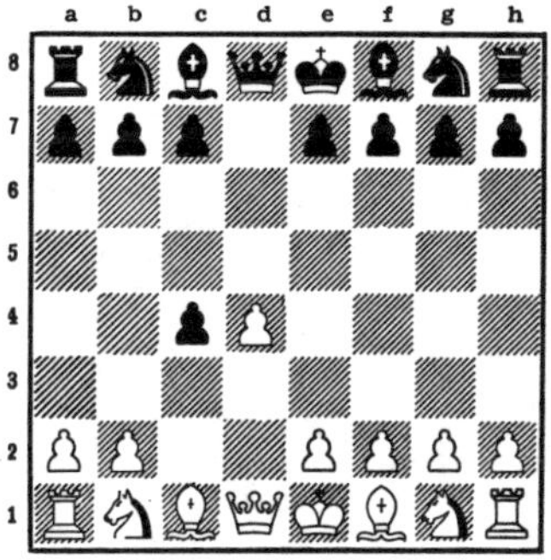

1. d2—d4 d7—d5 2. c2—c4 d5×c4

23 Nimzowitsch-Indisch

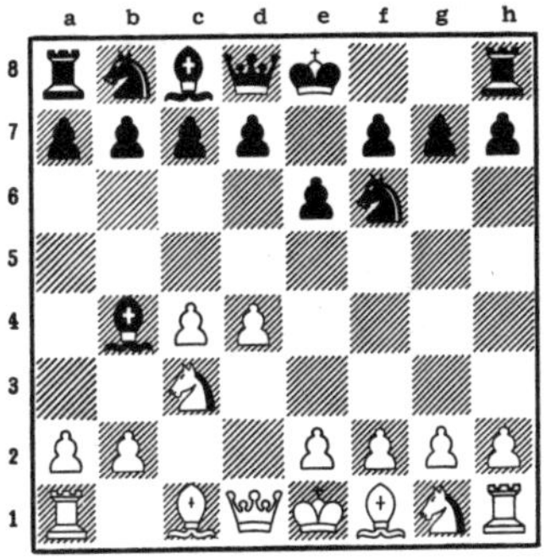

1. d2—d4 Sg8—f6 2. c2—c4 e7—e6
3. Sb1—c3 Lf8—b4

26 Königsindisch

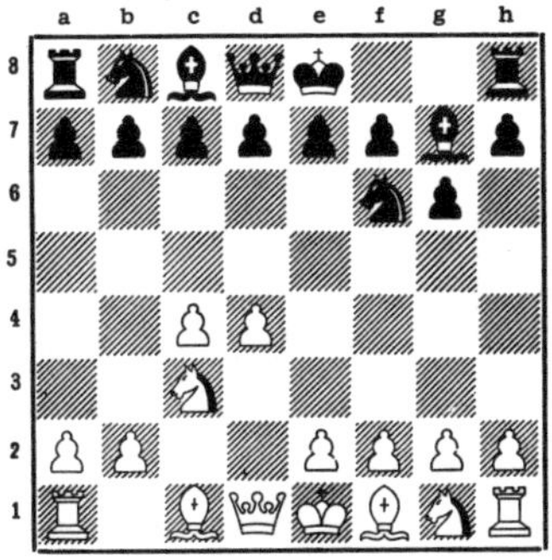

1. d2—d4 Sg8—f6 2. c2—c4 g7—g6
3. Sb1—c3 Lf8—g7

Zug	15 Aljechin-Verteidigung	15a	16 Sizilianisch	16a	16b (Drachen-Variante)	17 Unregelmäßig (Pirc-Vert.)	18 Königs-fianchetto
1.	e2—e4 Sg8—f6	... ...	e2—e4 c7—c5	... ...	... ...	e2—e4 d7—d6	e2—e4 g7—g6
2.	e4—e5 Sf6—d5	... ...	Sg1—f3 Sb8—c6	... e7—e6	... d7—d6	d2—d4 Sg8—f6	d2—d4 Lf8—g7
3.	d2—d4 d7—d6	... ...	d2—d4 c5 × d4	d2—d4 c5 × d4	d2—d4 c5 × d4	Sb1—c3 g7—g6	Sg1—f3 d7—d6
4.	c2—c4 Sd5—b6	Sg1—f3 Lc8—g4	Sf3 × d4 Sg8—f6	Sf3 × d4 Sb8—c6	Sf3 × d4 Sg8—f6	Sg1—f3 Lf8—g7	Lf1—c4 Sg8—f6
5.	f2—f4 d6 × e5	Lf1—e2 e7—e6	Sb1—c3 d7—d6	Sb1—c3 a7—a6	Sb1—c3 g7—g6	Lf1—e2 0—0	Dd1—e2! c7—c6
6.	f4 × e5 Sb8—c6	0—0 Lf8—e7	Lf1—c4 e7—e6	Lf1—e2 d7—d6	Lc1—e3 Lf8—g7	0—0 Lc8—g4	Lc4—b3 0—0
7.	Lc1—e3 Lc8—f5	c2—c4 Sd5—b6	Lc1—e3 Lf8—e7	0—0 Sg8—f6	f2—f3 0—0	Lc1—e3 Sb8—c6	Lc1—g5 h7—h6
8.	Sb1—c3 e7—e6	h2—h3 Lg4—h5	Dd1—e2 a7—a6	Lc1—e3 Lf8—e7	Dd1—d2 Sb8—c6	d4—d5 Lg4 × f3	Lg5—h4 e7—e5
9.	Sg1—f3 Lf8—e7	Sb1—c3 0—0	0—0—0 Dd8—c7	f2—f4 0—0	Lf1—c4 Lc8—d7	Le2 × f3 Sc6—e5	d4 × e5 d6 × e5
10.	Lf1—e2 0—0	Lc1—e3 d6—d5	Lc4—b3 Sc6—a5	Kg1—h1 Dd8—c7	Lc4—b3 Ta8—c8	Lf3—e2 c7—c6	Sb1—d2 Dd8—c7
11.	0—0 f7—f6	c4—c5 Sb6—c4	g2—g4 b7—b5	Dd1—e1 Lc8—d7	0—0—0 Sc6—e5		

Zug	19 Damengambit angenommen	19a	19b	20 Damengambit abgelehnt	20a (Cambridge-Springs-Verteidigung)	20b (Slavische Verteidigung)	21 Damen-Indisch
1.	d2—d4 d7—d5	. . . . . .	. . . . . .	d2—d4 d7—d5	. . . . . .	. . . . . .	d2—d4 Sg8—f6
2.	c2—c4 d5 × c4	. . . . . .	. . . . . .	c2—c4 e7—e6	. . . . . .	. . . c7—c6	c2—c4 e7—e6
3.	e2—e3 b7—b5?	. . . Sg8—f6	Sg1—f3 Sg8—f6	Sb1—c3 Sg8—f6	. . . . . .	Sg1—f3 Sg8—f6	Sg1—f3 b7—b6
4.	a2—a4 c7—c6	Sg1—f3 Lc8—g4	e2—e3 e7—e6	Lc1—g5 Lf8—e7	. . . Sb8—d7	Sb1—c3 d5 × c4	g2—g3 Lc8—b7
5.	a4 × b5 c6 × b5	Lf1 × c4 e7—e6	Lf1 × c4 c7—c5	e2—e3 0—0	e2—e3 c7—c6	a2—a4 Lc8—f5	Lf1—g2 Lf8—e7
6.	Dd1—f3 gewinnt	h2—h3 Lg4—h5	0—0 a7—a6	Sg1—f3 Sb8—d7	Sg1—f3 Dd8—a5	e2—e3 e7—e6	Sb1—c3 0—0
7.		Sb1—c3 Sb8—d7	Dd1—e2 b7—b5	Ta1—c1 c7—c6	Sf3—d2 Lf8—b4	Lf1 × c4 Lf8—b4	0—0 Sf6—e4
8.		0—0 Lf8—e7	Lc4—b3 Lc8—b7	Lf1—d3 d5 × c4	Dd1—c2 d5 × c4	0—0 0—0	Dd1—c2 Se4 × c3
9.		e3—e4 Sd7—b6	Tf1—d1 Sb8—d7	Ld3 × c4 Sf6—d5	Lg5 × f 6 Sd7 × f6	Dd1—e2 Lf5—g4	Dc2 × c3 f7—f5
10.		Lc4—e2 Lh5—g6	Sb1—c3 Dd8—b8	Lg5 × e7 Dd8 × e7	Sd2 × c4 Da5—c7	h2—h3 Lg4—h5	(Le7—f6)
11.			(Lf8—d6)	0—0 Sd5 × c3		Tf1—d1 Sb8—d7	

Zug	22 Damenbauer- spiel	23 Nimzowitsch- Indisch	24 Budapester Gambit	25 Albins Gegengambit	26 Königs- indisch	26a	27 Benoni
1.	d2—d4 d7—d5	d2—d4 Sg8—f6	d2—d4 Sg8—f6	d2—d4 d7—d5	d2—d4 Sg8—f6	. . . . . .	d2—d4 Sg8—f6
2.	Sg1—f3 Sg8—f6	c2—c4 e7—e6	c2—c4 e7—e5	c2—c4 e7—e5	c2—c4 g7—g6	. . . . . .	c2—c4 c7—c5
3.	e2—e3 e7—e6	Sb1—c3 Lf8—b4	d4 × e5 Sf6—g4	d4 × e5 d5—d4	Sb1—c3 Lf8—g7	. . . . . .	d4—d5 d7—d6
4.	Lf1—d3 c7—c5	e2—e3 0—0	e2—e4 Sg4 × e5	e2—e3? Lf8—b4+	e2—e4 d7—d6	g2—g3 d7—d6	Sb1—c3 g7—g6
5.	c2—c3 Sb8—d7	Sg1—f3 d7—d5	f2—f4 Se5—c6	Lc1—d2 d4 × e3!	Sg1—f3 0—0	Lf1—g2 0—0	e2—e4 Lf8—g7
6.	Sb1—d2 Lf8—d6	Lf1—d3 c7—c5	Lc1—e3 Sb8—a6	Ld2 × b4? e3 × f2+	Lf1—e2 e7—e5	Sg1—f3 Sb8—d7	Lf1—e2 0—0
7.	0—0 0—0	0—0 Sb8—c6	Sb1—c3 Lf8—c5	Ke1—e2 f2 × g1S+!	0—0 Sb8—c6	0—0 e7—e5	Sg1—f3 e7—e6
8.	e3—e4 d5 × e4	a2—a3 Lb4 × c3	Dd1—d2 d7—d6	Th1 × g1 Lc8—g4+	d4—d5 Sc6—e7	e2—e4 c7—c6	0—0 e6 × d5
9.	Sd2 × e4 Sf6 × e4	b2 × c3 d5 × c4	Sg1—f3 Lc8—g4	Damenfang!	Sf3—e1 Sf6—d7	h2—h3 Dd8—b6	c4 × d5 a7—a6
10.	Ld3 × e4 Sd7—f6	Ld3 × c4 c5 × d4			Se1—d3 f7—f5	Tf1—e1 e5 × d4	a2—a4 Lc8—g4
11.	Le4—c2 c5 × d4	e3 × d4 b7—b6			Lc1—d2 Sd7—f6	Sf3 × d4 Tf8—e8	h2—h3 Lg4 × f3

Das Mittelspiel

Der Aufmarsch der beiden Armeen ist erfolgt, der Kampf um die absolute Feldüberlegenheit kann beginnen. Für viele Schachspieler ist gerade das Mittelspiel der schönste Teil jeder Partie, weil es hier ganz besonders gilt, den Gegner mit geschickten Attacken und Kombinationen in die Enge zu treiben und eigene Vorteile herauszuspielen.
Der Positionsvorteil ist beim Mittelspiel von besonderer Bedeutung. Nicht immer ist eine momentane Materialüberlegenheit ausschlaggebend, denn was hat man zum Beispiel von einer Dame, wenn sie an den König gefesselt ist. Die Materialüberlegenheit des Gegners kann man oft durch den eigenen Positionsvorteil ausgleichen und letztlich dann vom Gegner zurückgewinnen. Wichtig ist also die Einwirkung auf möglichst viele Felder des Schachbrettes und größtmögliche Bewegungsfreiheit der eigenen Figuren.
Hingegen wird man bemüht sein, den Gegner in seiner Bewegungsfreiheit einzuschränken, ihn etwa zur Deckung seiner eigenen Steine zurückzuzwingen. Man spricht hier von Fesselung des Gegners, und zwar von absoluter Fesselung, wenn ein Stein völlig bewegungslos zur Deckung seines Königs gezwungen ist, und von bedingter oder relativer Fesselung, wenn sich der Stein zwar regelrecht bewegen kann, dabei aber einen anderen Stein seiner Farbe preisgibt. Auch der Doppelangriff ist eine gute Möglichkeit, dem Gegner Schaden zuzufügen. Doppelangriff ist, wenn man gleichzeitig mehrere gegnerische Steine von einer Stelle aus bedroht und der Gegner immer nur einen Stein retten kann. Wir haben die Springergabel und die Bauerngabel ja bereits früher kennengelernt. Aber auch die anderen Figuren können natürlich einen Doppelangriff führen und man sollte sich eine solche Chance immer vor Augen halten.
Wir wollen nun wieder an Hand einiger Beispiele einen Blick in das Mittelspiel tun, und zwar diesmal in Form eines »Kombinationstestes«. Die Antworten werden Sie sicher noch nicht auf Anhieb geben können, aber lassen Sie sich nicht entmutigen. Bauen Sie die angegebenen Stellungen erst einmal auf Ihrem Schachbrett auf. Denken Sie sich dann alle Zugmöglichkeiten aus und spielen Sie sie mehrmals durch. Schreiben Sie die Lösung Ihrer Wahl auf und begründen Sie sie kurz. Erst dann sollten Sie sich unsere Antwort ansehen.

Kombinationen — Herz des Schachspiels

Nichts freut uns mehr, als wenn es uns gelungen ist, den Gegner mit einer Kombination zu überlisten! Es bringt uns den Beweis, daß wir weiter als er vorausgesehen haben. Was ist nun eine Kombination? Die Kombination ist eine Zugfolge von mindestens zwei Zügen, die — zusammen »kombiniert« gesehen — ein vorausgeplantes Ergebnis bringen. Dieses Ergebnis einer Kombination trifft den Gegner meist überraschend; er hat sie nicht im voraus erkannt, wir haben ihn damit überlistet.

Elementare Beipiele:

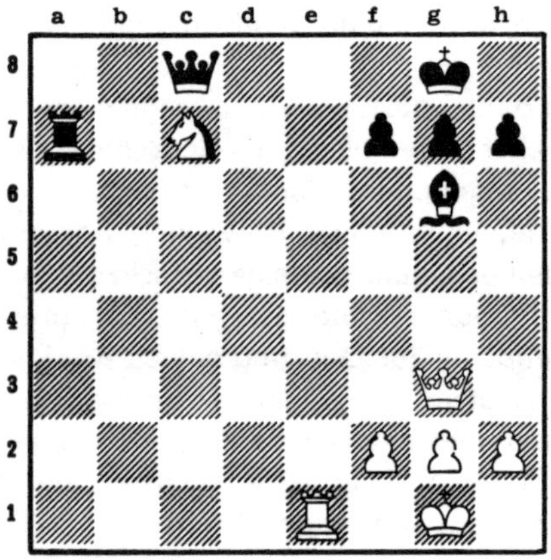

Schwarz nimmt mit Ta7 × c7 den Springer — was folgt?

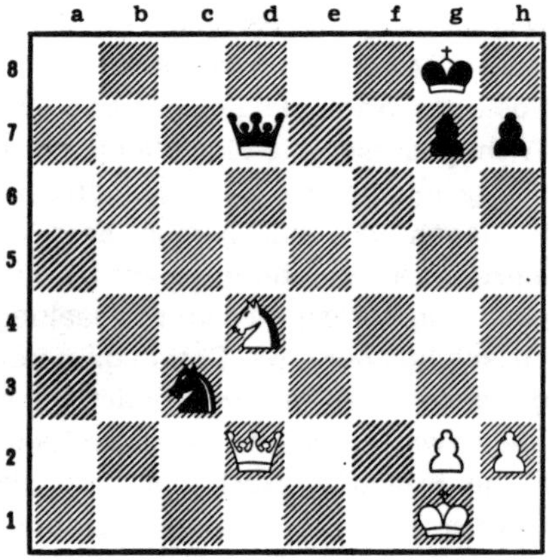

Schwarz am Zug gewinnt Material — wie?

Versuchen Sie erst selbst, die einfachen Kombinationen zu lösen.

Lösung:
Mit Schwarz am Zug sollte sich der Spieler, bevor er den Springer schlägt, fragen: Was hat der Gegner beabsichtigt, wenn er den Springer »umsonst« anbietet? War es ein Versehen oder vielleicht eine Kombination? Wir sehen, daß die Dame nicht schlagen kann (Dc8 × c7?) wegen Te1—e8 matt. Aber der Turm kann doch den Springer schlagen, weil er ja einmal von der Dame g3 gedeckt ist. Wenn Schwarz also, gestützt auf diese einfache Rechnung, spielt:

1. . . . Ta7 × c7?, so hat er die logische Gedankenreihe zu früh abgebrochen. Es folgt nämlich überraschend ein Damenopfer von Weiß:
2. Dg3 × c7!
Erst jetzt merkt Schwarz, daß ihn nach 2. . . . Dc8 × c7 am Ende der Zugfolge das Matt auf der Grundreihe mit 3. Te1—e8‡ ereilt.
Was hätte Schwarz aber in der Bildstellung ziehen müssen? Wie konnte die Drohung Te1—e8+ mit Damenverlust pariert werden? Auch diese Überlegung mündet in eine Kombination: Wenn nämlich Weiß mit seinem Turm die Grundreihe verläßt (etwa mit 1. Te1—e7?), so droht auch ihm ein Matt durch den schwarzen Turm auf a1. So erkennen wir, daß Te1—e8+ eine falsche Drohung ist; Schwarz pariert in der Bildstellung einfach mit dem »Luftloch« 1. . . . h7—h6! Danach ist die Stellung vollkommen ausgeglichen, materiell und positionell. (Nur muß Weiß daran denken, daß jetzt sein Springer bedroht ist; mögliche Züge wären 2. Sc7—d5 oder 2. Te1—c1).
Im Diagramm rechts würde Schwarz mit Versuchen wie 1. . . . Sc3—b5? nichts erreichen. Weiß könnte 2. Sd4—f3 spielen oder auch das Zwischenschach 2. Dd2—a2+ geben. Aber der Abtauschtrick mittels Damenopfer 1. . . . Dd7 × d4+! gewinnt eine Figur: 2. Dd2 × d4 Sc3—e2+. Das uns schon bekannte »Familienschach« gewinnt die Dame zurück. Reingewinn für Schwarz am Ende der kleinen Kombination: ein Springer und damit ein gewonnenes Endspiel.
Achten Sie darauf, daß die *Grundreihe vor Mattüberfällen* geschützt bleibt. Es ist ratsam, nach der Eröffnung dem eigenen König in seiner Rochade-

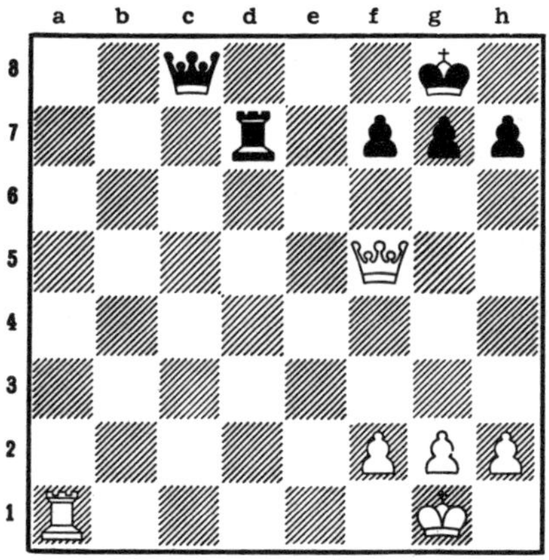

Weiß am Zug
Ein typischer Fall

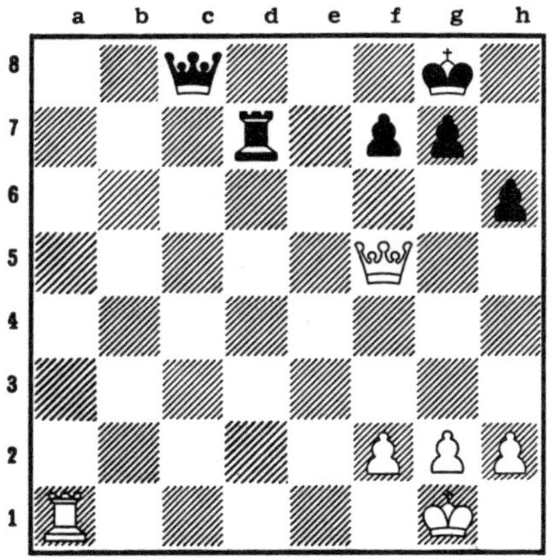

Schwarz am Zug
In welche Falle tappte Weiß?

stellung ein »Luftloch« zu schaffen; das geschieht meist mit h2—h3 oder h7—h6.

Lösung:
Weiß kassiert ohne Furcht vor Damenverlust mit dem kecken Zug 1. Df5 × d7! gratis den schwarzen Turm. Schlägt Schwarz die weiße Dame auf d7, so setzt der weiße Turm nach dem Schachgebot auf a8 matt (Schwarz kann einmal noch seine Dame dazwischensetzen, die aber mit Matt geschlagen wird).
In der fast gleichen Stellung nebenan ist Schwarz am Zug. Die weiße Dame sitzt in der Abzugsfalle, die so funktioniert: 1. ... Td7—d1+! Schenkt den Turm, gewinnt aber dafür die wertvollere Dame. Nach 2. Ta1 × d1 Dc8 × f5 besitzt Schwarz den zum Sieg reichenden großen Materialvorteil von Dame gegen Turm. Weiß kann wohl auf d8 ein Turmschach geben, aber der König hat das notwendige »Luftloch« auf h7.
Nehmen wir aber an, im Bild links wäre Schwarz am Zug, so dürfte dort nicht analog 1. ... Td7—d1+?? geschehen. Beachten Sie den Unterschied, daß dem schwarzen König nach 2. Ta1 × d1 Dc8 × f5 das Fluchtfeld fehlt — 3. Td1—d8 würde ihn mattsetzen.

Fesselung und Abzugsmatt

Fesselungen haben wir schon auf den Diagrammen Seite 61 und 62 kennengelernt. Eine Fesselung kann von Dame, Turm oder Läufer herbeigeführt werden. Gefesselt werden können alle Steine außer dem König. Schon in der Eröffnung treten häufig Fesselungen auf; dort werden meist durch die Läufer die gegnerischen Springer an König oder Dame gefesselt. Sehen Sie dazu bitte die Beispiele aus der Eröffnungstabelle nach:
1(3. Lb5, 6. De2); *3a*(6. Lg5); *4*(5. ... Lb4, 10. Lg5); *5*(5. ... Lb4); *6*(nach 9. Dd2); *7*(6. Te1, 8. Sc3 — fesselt den Bd4); *8*(7. Lg5); *9*(5. De2) *11a*(5. ... Lb4, 9. ... Te8); *12*(4. Lg5) usw.
Einige Fesselungsbilder und Schemas für Abzugsschachgebote:

Test 7

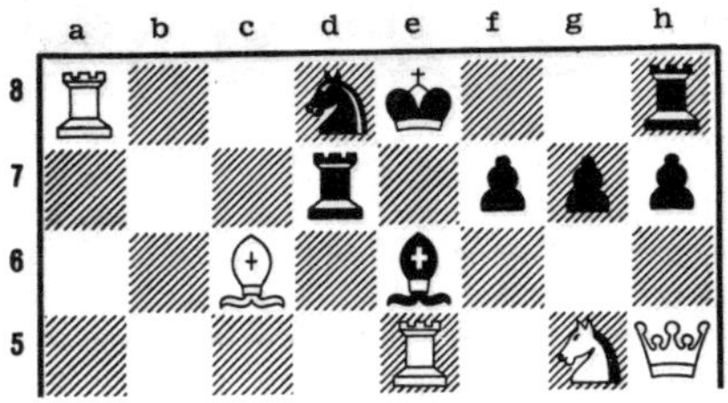

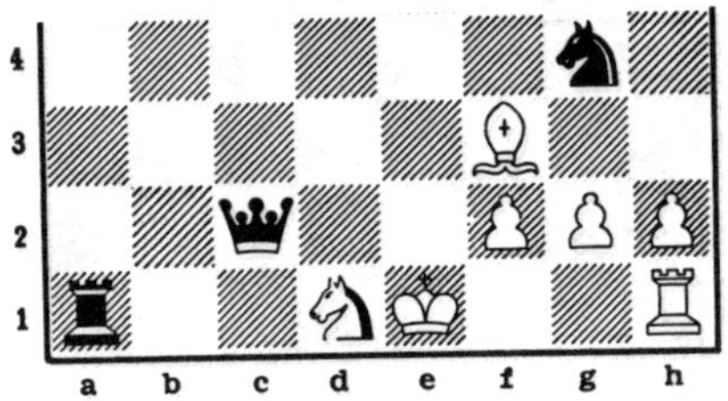

Wie werden diese Fesselungen ausgenutzt?

A: Weiß am Zug

B: Schwarz am Zug

C: Diese Stellung kam in der 39. Landesmeisterschaft der UdSSR 1971 vor. Auf der unteren Bretthälfte stehen noch weitere Steine, die aber unser Kombinationsthema nicht berühren. Schwarz konnte zuletzt die weiße Dame auf f5 nehmen mit Df7 × f5. Nun ist Weiß am Zuge. Wie würden Sie an seiner Stelle ziehen (unten links)?

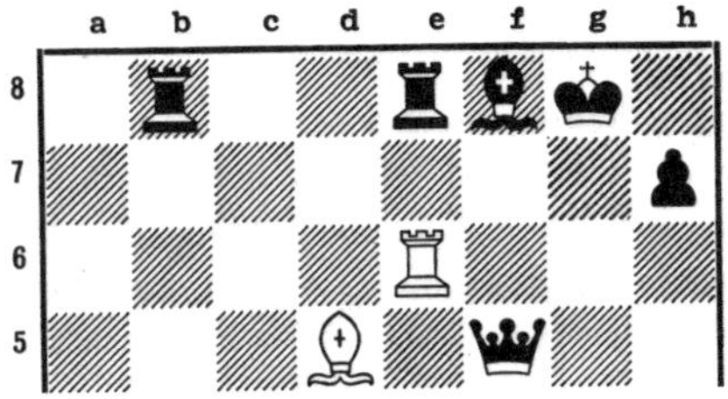

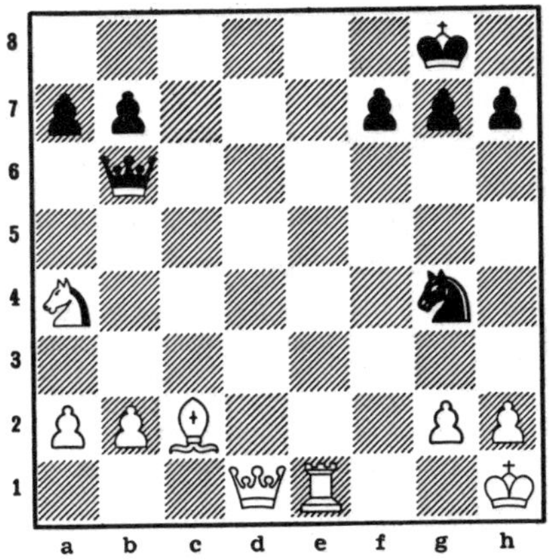

D: In dieser Diagrammstellung steht Weiß überlegen. Sein Mehrbesitz beträgt Turm und Läufer. Aber nicht Weiß ist am Zuge, sondern Schwarz. Wie kann Schwarz die Partie siegreich beenden? Angenommen, Weiß wäre am Zuge: Wie sollte Weiß spielen (oben rechts)?

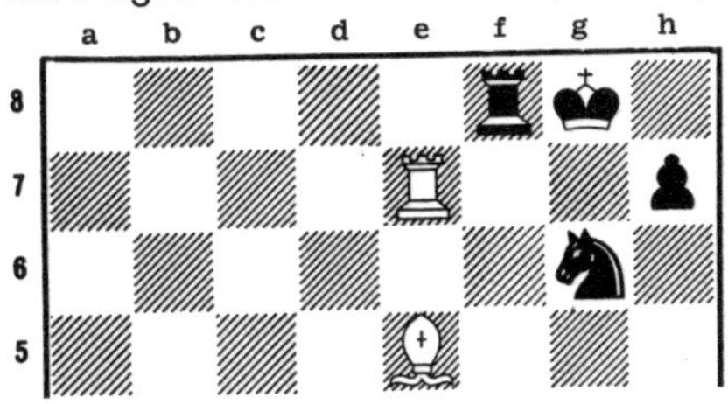

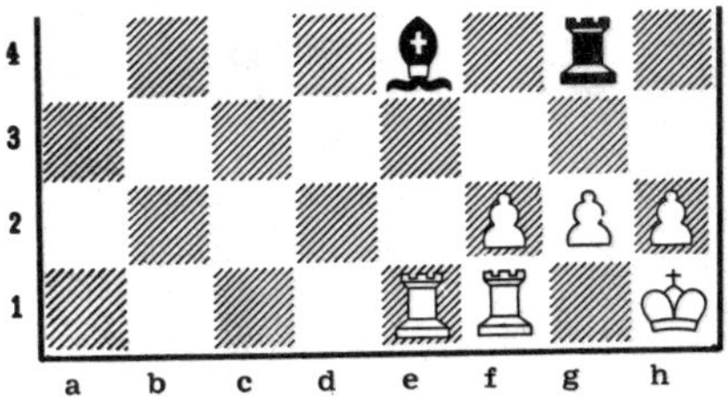

E: Weiß am Zug

F: Schwarz am Zug

Wir gehen eine Stufe höher:

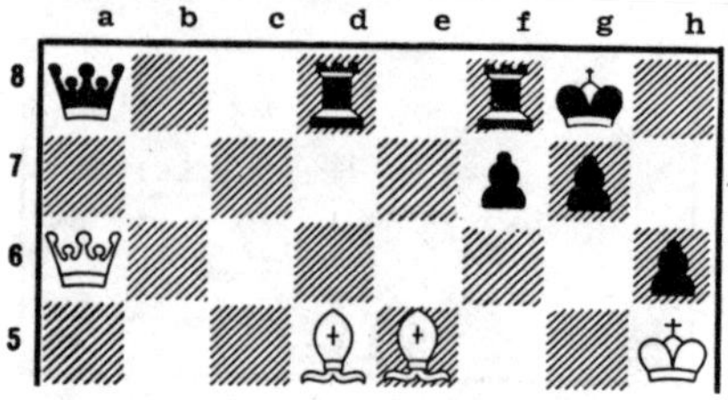

G: Weiß am Zug

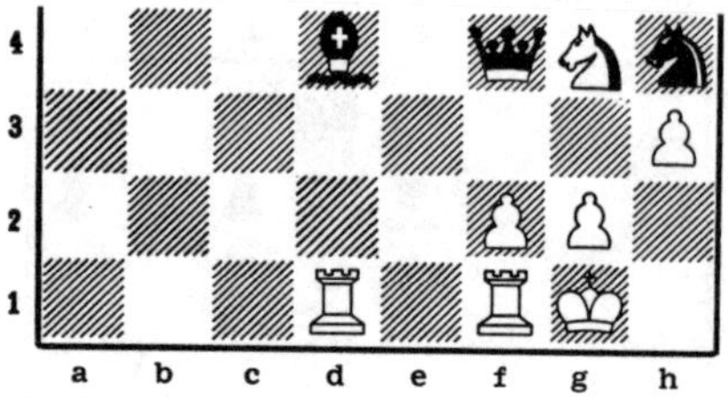

H: Schwarz am Zug

Antworten zu Test 7:

A 1. Dh5 × f7‡! Der dreifach geschützte Punkt f7 im schwarzen Lager wird gestürmt. Die drei Deckungssteine sind sämtlich gefesselt: Der Td7 vom Läufer, der Le6 vom Turm, der Sd8 vom Turm a8.

Die mattgebende Dame aber wird vom Springer auf g5 unterstützt. Gerade solche elementaren Mattbilder prägen sich nicht leicht ein, weil sich das Auge täuschen läßt — der Bf7 ist doch drei- und vierfach gedeckt!

B Schwarz setzt mit 1. . . . Dc2 × f2 matt. Der schützende Sd1 ist durch die Fesselung des schwarzen Turmes a1 außer Gefecht gesetzt.

C Weiß erzwingt durch eine überraschende Wendung ein Matt in zwei Zügen: 1. Turm e6—g6 + + (Doppelschach!). Der Zug ist ein sogenanntes Abzugsschach, denn der Turm zieht ab aus der Läuferdiagonale d5—g8 und gibt dadurch das Schach frei, das vom Ld5 ausgeht. Dadurch, daß der Turm nach g6 zieht, gibt er aber auch seinerseits Schach. Es entsteht also Doppelschach, im selben Zug von Läufer und Turm ausgehend.

Auf ein Doppelschach gibt es nur einen Zug des Königs. Auf ein einfaches Abzugsschach, etwa 1. Te6—f6 + ??, sofern Weiß diesen schlechten Zug überhaupt gemacht hätte, könnte Schwarz mehrfach reagieren. Probieren Sie es bitte selbst aus, welche Züge Schwarz außer Königszügen dann noch machen könnte.

Für die Stellung nach dem ersten Zug von Weiß, dem Doppelschach, nehmen wir noch einmal ein Diagramm zu Hilfe:

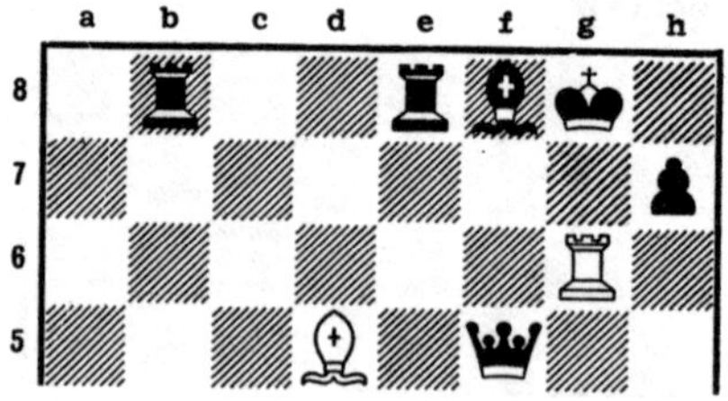

Wir sehen, daß Schwarz nur mit dem König in die Ecke ziehen kann: 1. ... König g8—h8. Dann folgt der Schlußzug der Kombination: 2. Turm g6—g8╪ (matt). Der Geist blieb siegreich über die Materie, das heißt, Schwarz hat trotz Materialüberlegenheit (Dame) verloren.

D Schwarz setzt den weißen König mit Hilfe einer Standardkombination matt:

1. ... Sg4—f2+
2. Kh1—g1 Sf2—h3++

Wieder haben wir ein Doppelschach, denn Dame und Springer geben gleichzeitig Schach. Es ist ein aufgedecktes Schach des Springers, die Diagonale der Dame auf b6 wird nämlich freigelegt.

3. Kg1—h1 Db6—g1+!!

Im Falle von 3. Kg1—f1 kann Schwarz mit der Dame auf f2 gleich mattsetzen.

4. Te1 × g1

Der König darf die Dame nicht schlagen, weil sie vom Springer auf h3 gedeckt ist. Es folgt der krönende Schlußzug:

4. ... Sh3—f2╪ (matt)!

Trotz Materialvorteil von Weiß hat also Schwarz gewonnen. Es ist das attraktive Bild des »erstickten Matts«. Der König muß sich die letzte Fluchtmöglichkeit mit dem Turm selbst verstellen — er erstickt in der Ecke. Wäre Weiß in der Bildstellung am Zuge gewesen, hätte er mit dem Turm auf der 8. Reihe matt geben können: 1. Turm e1—e8╪.

E Weiß erzwingt Matt in drei Zügen durch 1. Te7—g7+ Kg8—h8. Nun ist die Abzugsbatterie aufgestellt; mit 2. Tg7 × g6+ wird sie abgefeuert. Der Turm kann noch für einen Zug auf f6 zwischensetzen, dann wird er mit Le5 × f6╪ geschlagen.

F Diesmal erledigt der Läufer die Aufgabe für Schwarz mit 1. ... Le4×g2+. 2. Kh1—g1 Lg2—f3╪. Aber auch jeder andere Läuferabzug auf der großen Schrägen g2—a8 wäre richtig gewesen.

G Hier ist schon das geschulte Auge notwendig, um den tödlichen Zug 1. Da6—g6!! zu entdecken. Auf keine Weise kann Schwarz das auf g7 drohende Matt abwehren; der Witz ist, daß Bf7 gefesselt bleibt vom Läufer d5, ... f7 × g6, also nichts zu befürchten ist, und auch Schwarz nicht f7—f6 spielen kann.

H Ähnlich siegt auch hier der stille Drohzug 1. ... Df4—g3! dem Bauern vor die Nase — aber der ist gefesselt vom Ld4. Nur mit 2. Sg4—e3 Ld4 × e3 kann Weiß das Matt Dg2:╪ noch um einen Zug hinauszögern.

Kurzpartien mit Springermatt

Nicht nur Lernende, auch Klubspieler fallen auf Eröffnungsfallen herein. Vier Partien aus der Praxis:

Petrosjan — Barth
Simultanvorstellung von Weltmeister Petrosjan 1965 in Bad Cannstatt

1.	e2—e4	c7—c6
2.	d2—d4	d7—d5
3.	Sb1—c3	d5 × e4
4.	Sc3 × e4	Sb8—d7
5.	Dd1—e2	Sg8—f6??
6.	Se4—d6‡!	

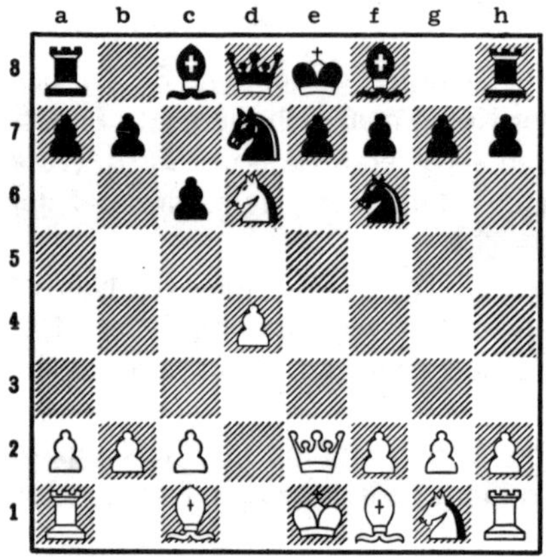

Nach sechs Zügen war der erste von 40 Gegnern matt!

Schuster — Schröder
Blitzturnier Freiburg 1970

1.	e2—e4	c7—c5
2.	b2—b4	b7—b6
3.	Sg1—f3	Lc8—b7
4.	Lf1—c4!	Lb7 × e4?
5.	Lc4 × f7+	Ke8 × f7
6.	Sf3—g5+	Kf7—e8
7.	Sg5 × e4	Sg8—f6
8.	Dd1—e2	Sb8—c6??
9.	Se4—d6‡!	

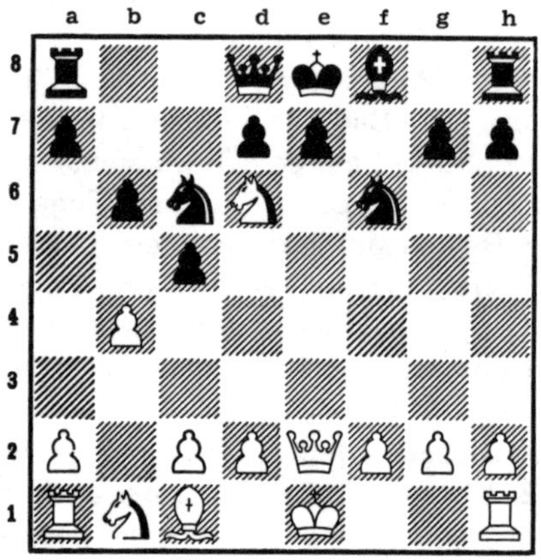

Was Weiß kann, das kann Schwarz auch, wie die nächsten zwei Kurzpartien zeigen:

Rothen — Sieber
Schweizer Schachmeisterschaft 1955, Gruppe III
Budapester Gambit

1. d2—d4	Sg8—f6
2. c2—c4	e7—e5
3. d4 × e5	Sf6—g4
4. Lc1—f4	Sb8—c6
5. Sg1—f3	Lf8—b4
6. Sb1—d2	Dd8—e7
7. a2—a3	Sg4 × e5

Weiß kann dem Köder, den der Gegner auf b4 ausgeworfen hat, nicht entsagen.

8. a3 × b4

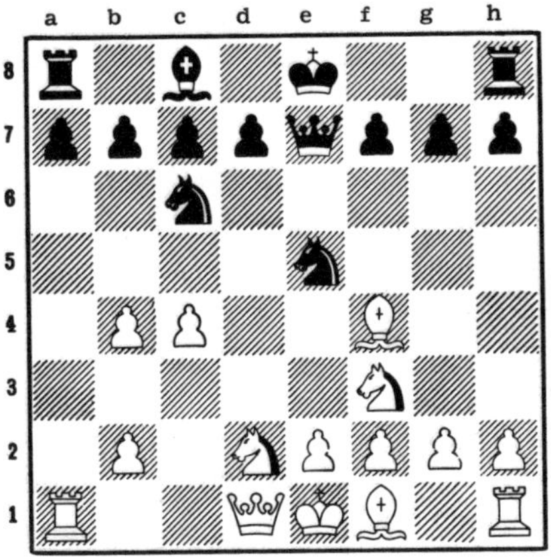

8. . . . Se5—d3‡!

Keidel — Weller
Stuttgarter Jugendmeisterschaft 1949
Albins Gegengambit

1. d2—d4	d7—d5
2. c2—e4	e7—e5
3. d4 × e5	d5—d4
4. Sg1—f3	Sb8—c6
5. Sb1—d2	Lc8—f5
6. a2—a3	Dd8—e7
7. g2—g3	0—0—0
8. b2—b4	Sc6 × e5!

Es ist das Wesen einer Falle, daß sie einer stellt und der andere die Tücke nicht erkennt. Auch hier greift Weiß unbedacht zu:

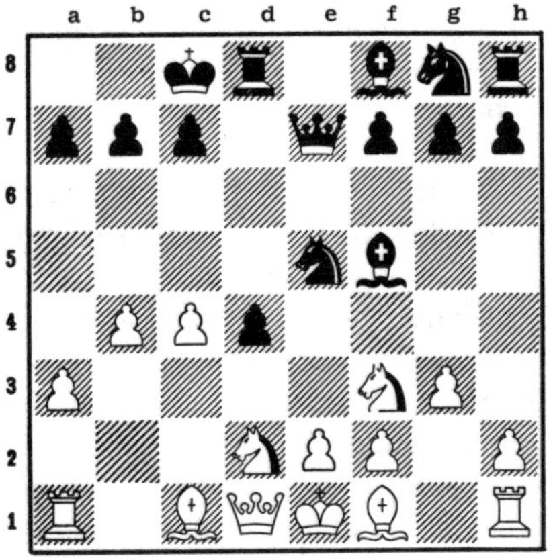

9. Lc1—b2??
Hätte er wenigstens den anderen Läufer flankiert (Lg2)!

9. . . . Se5—d3‡!

Vier Fehler, die ewig jung bleiben!

Das Doppelschach

Das Doppelschach ist eine gefährliche Waffe, denn es kann nur durch einen Königszug abgewehrt werden, niemals durch Herausschlagen der schachbietenden Figuren oder durch Dazwischensetzen eines eigenen Steines.

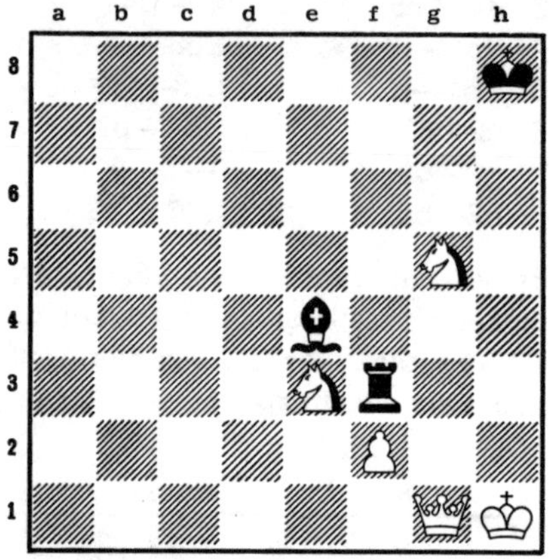

Schwarz am Zug

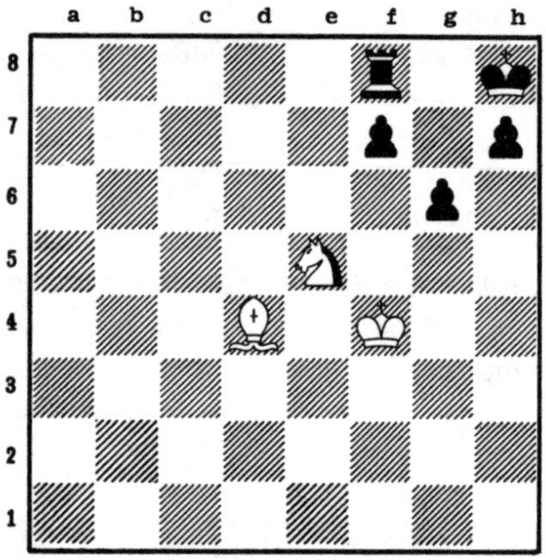

Weiß am Zug

1. ... Tf3—h3++ bietet doppelt Schach, nämlich durch den Läufer und durch den Turm. Der weiße König kann nicht ausweichen, er ist matt. Mit den sieben (!) Abwehrversuchen, die Weiß hat, könnte immer nur eine schachgebende schwarze Figur pariert werden — nicht aber beide.
Im anderen Diagramm achtet Weiß darauf, ob er mit dem Springer auf f7 oder auf g6 zugreifen soll — beides wäre ja Doppelschach. Wir können bei einiger Übung im voraus erkennen, daß 1. Se5 × f7 + Kh8—g8 ein Fehler wäre, denn 2. Sf7—h6‡ ist nun nicht möglich, weil der Springer durch den schwarzen Turm an den weißen König gefesselt bleibt!
Richtig ist daher nur 1. Se5 × g6++ Kh8—g8 2. Sg6—e7‡! Prüfen Sie bitte, weshalb 1. Se5—g4+ nicht auch zum Ziel führt.

Bestimmte Mattbilder kehren im Schach immer wieder; man lernt sie kennen, und sie prägen sich dem Gedächtnis ein.
Im Diagramm S. 87 rechts kann der Leser sein Kombinationsvermögen proben. Banal wäre der Bauerngewinn mit Schwarz am Zug durch 1. ... Ta4 × a1 2. Tg1 × a1 Le4 × g2+ (auch Tg2:!). Richtig ist die Mattkombination 1. ... Le4 × g2+! 2. Tg1 × g2 Ta4 × a1+ 3. Tg2—g1 Tg4×g1 ‡ (auch Ta1 × g1‡).

Das Standardmatt

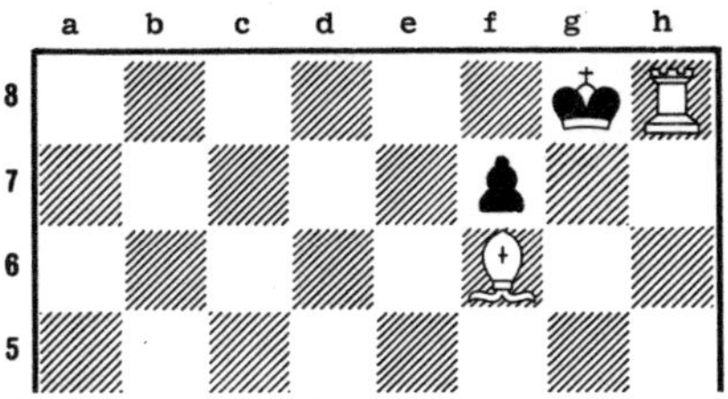

Schwarz ist matt

Matt durch Kombination

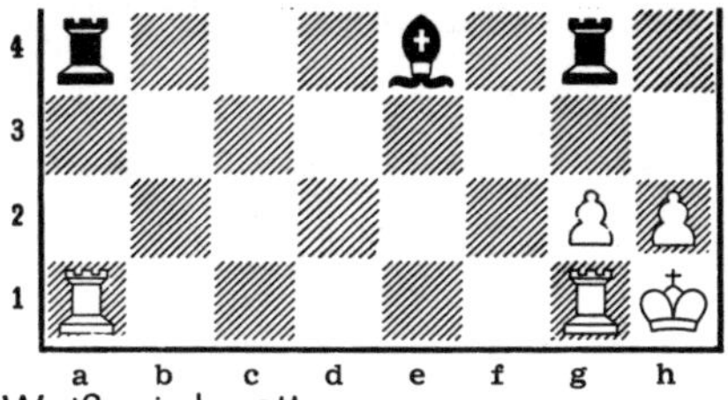

Weiß wird matt

Die gefesselten Bauern

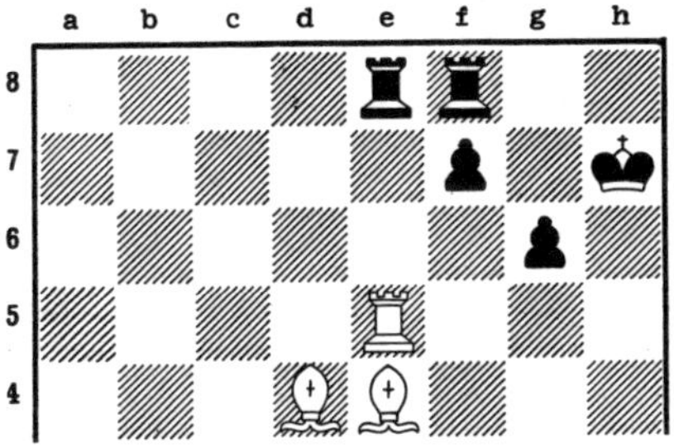

Weiß am Zug

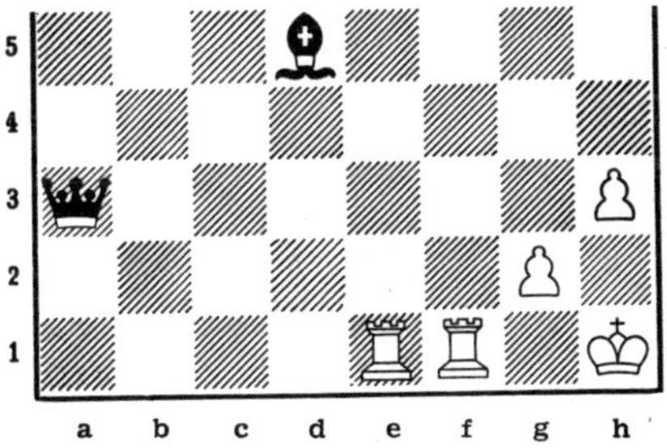

Schwarz am Zug

Der Anziehende setzt in zwei Zügen matt; links mit 1. Te5—h5+! — Keine Angst, der Bg6 ist ja vom Läufer gefesselt und kann den Turm nicht nehmen! — Kh7—g8 2. Th5—h8‡; rechts erkennen Sie die Lage richtig: mit Da3 × h3+! 2. Kh1—g1 Dh3 × g2‡ wird die Fesselung des Bg2 ausgenutzt.

Test 8

A: Hereinfall des Großmeisters

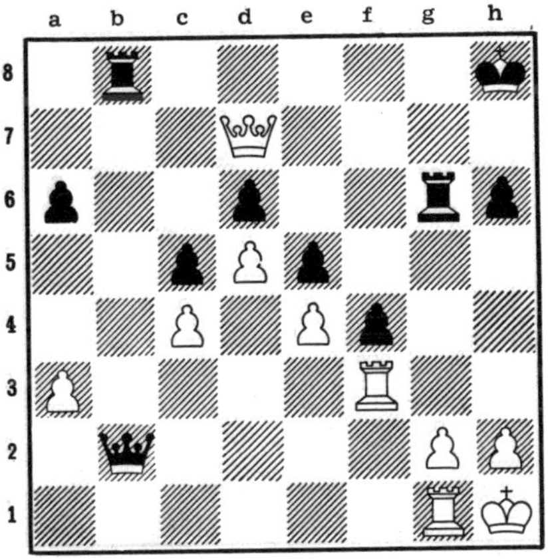

Polugajewski — Eising
(Internationales Turnier
Solingen 1974)

Schwarz am Zug

B: Schach den Materialisten

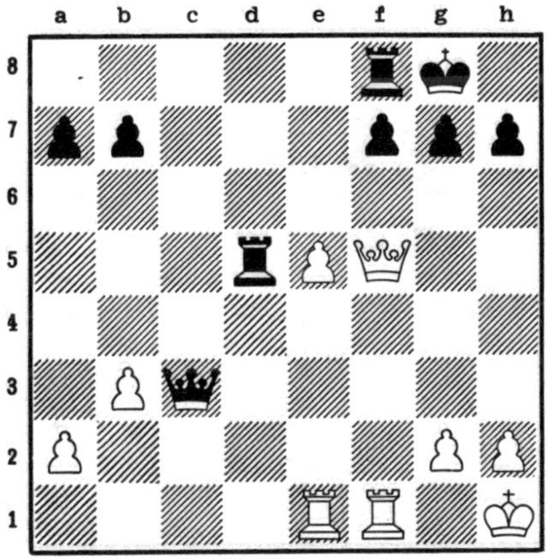

Gutmayer — Swiderski (1910)
Wie spielte Weiß nach 1. Te1—c1
Dc3 × e5?

Beim Solinger Großmeisterturnier hatte der sowjetische Weltmeisterkandidat zuletzt Da4—d7?? gezogen. »Trotz Zeitnot muß so etwas ein Großmeister sehen« meinte der Kommentator im Turnierbuch. »Zeitnot« bedeutet, daß im Turnier der Spieler eine bestimmte Anzahl von Zügen in einer bestimmten Zeit ausführen muß. In der Regel sind für 40 Züge zwei Stunden vorgesehen, oder wie in der Bundesliga 2½ Stunden für 50 Züge.
Franz Gutmayer schrieb mehrere Schachbücher, in denen er sich mit flammenden Worten gegen die »Dekadenz« der modernen Meister zur Wehr setzte. Das war nach der Jahrhundertwende. »Die alten Meister wurden in Acht und Bann getan« schreibt er. »Kombinieren galt für wahnwitzig, nur Lavieren und Unterminieren für würdig des modernen Großmeisters. Und so haben sie es wirklich dahin gebracht, daß sie auf Morphy und Anderssen herabsehen wie auf Anfänger, die erst von unseren Dekadenten spielen lernen müssen.« Wie Gutmayer selbst so einen »modernen Großmeister«

einmal hereinlegte, zeigt dieser Partieschluß. Gutmayer kommentierte: »Es ist ein echter Moderner; seht wie er meinen Bauern unterminiert. Ich merke schon, wie er ihm bald den Garaus machen wird; und tiefe Betrübnis ergreift meine Seele. Soll ich auf eine so gemeine Weise enden? Mich ergreift ein heiliger Zorn gegen diesen Bauernfänger. Ich möchte ihn zerschmettern, vernichten, in den Staub treten. Da überrascht, da überkommt mich ein göttlicher Einfall, eine große Idee. Er soll den Bauern haben. Er soll ihm zum Wurm an der Angel, zum Speck in der Falle werden.«

C: Knall beim Damenturnier

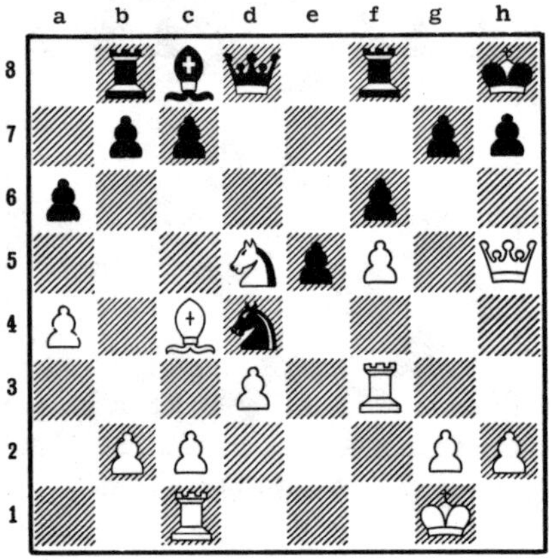

Bruce (England) — *H. Axt* (BRD)
(Zonenturnier zur Weltmeisterschaft der Frauen 1963 Bad Neuenahr)
Weiß am Zug
Die englische Meisterin erzwang das Matt — wie?

D: Kann Weiß mattsetzen?

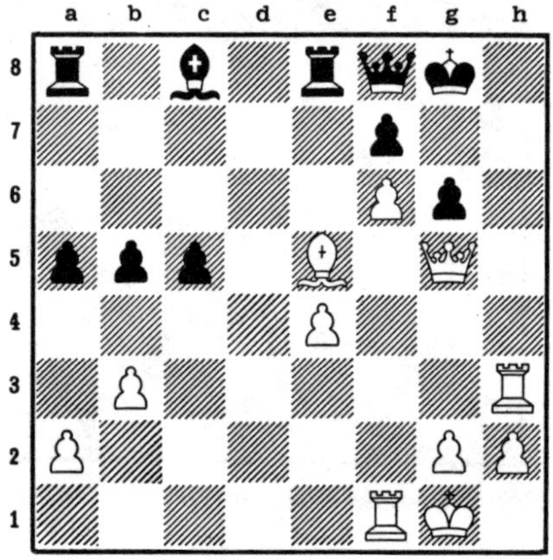

Gereben — *Dr. Troianescu*
(Meisterturnier Budapest 1964)
Weiß am Zug
Der Th3 ist angegriffen — muß Weiß zurückgehen?

Antworten:

A Nach 1. ... Db2×g2+!! gab Weiß auf, denn matt in vier Zügen wäre das Ende (2. Tg2: Tb1+ 3. Tf1 Tf1:+ 4. Tg1 Tg1:╪). Eine sicher verlorene Partie geben gute Spieler meistens vorher auf.

B Es war ein grober Fehler des Meisters, den angebotenen Bauern zu nehmen: 2. Df5×f7+! war ein Donnerschlag, der ihn sofort niederstreckte. Nach 2. ... Tf8×f7 3. Tc1—c8+ kann Schwarz zwar noch dreimal auf der 8. Reihe dazwischensetzen, aber am Ende setzt Tf8: matt.

C Zu langsam wäre Tf3—h3, weil sich Schwarz mit Lc8×f5 ausreichend verteidigen könnte. Weiß knallte sofort ein Damenopfer aufs Brett mit 1. Dh5×h7+!! Kh8×h7 2. Tf3—h3+ Kh7—g8. Er muß ins Doppelschach hinein! 3. Sd5×f6‡! (auch 3. Sd5—e7‡)

D Sie erinnern sich an das Standardmatt? Das dreizügige Matt ist aber nicht leicht zu sehen: 1. Dg5×g6+!! f7×g6 2. f6—f7+!! Der hemmende Bf6 macht seinem Läufer die Bahn frei bis nach h8; Schwarz muß mit der Dame nehmen 2. ... Df8×f7 3. Th3—h8‡! Der Normalzug 1. Th6 scheitert übrigens an Te5:!

Mattversuche aus dem Alltag

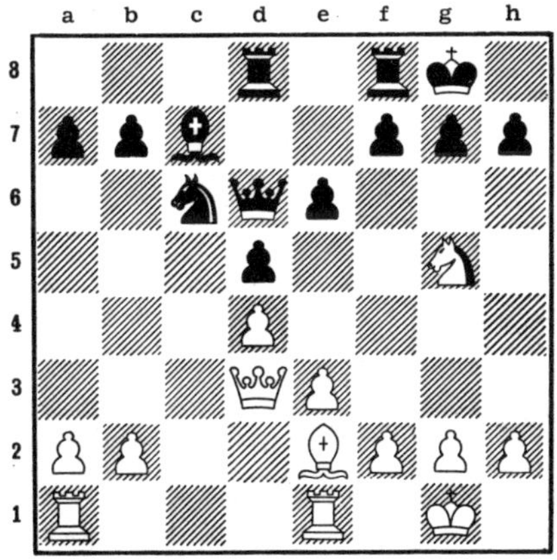

Haben beide Partien schon rochiert, dann richten sich viele Mattangriffe gegen die Punkte h7 und h2.

Weiß am Zug droht Dd3×h7‡, und Schwarz am Zug könnte mit Dd6×h2+ im nächsten Zug mattsetzen.

Ein Beispiel aus der Praxis, das jeden Tag vorkommt:

Französische Verteidigung: 1. e2—e4 e7—e6 2. d2—d4 d7—d5 3. Sb1—c3 Sg8—f6 4. Lc1—g5 d5×e4 5. Sc3×e4 Sb8—d7 6. Sg1—f3 Lf8—e7 7. Lg5×f6 Sd7×f6 8. Lf1—d3 0—0 9. Dd1—e2 b7—b6? Ein bekannter Fehler, den Weiß zum Turmgewinn ausnutzen kann. 10. Se4×f6+ Le7×f6 11. De2—e4!

Eine Doppeldrohung: Matt auf h7 und Angriff auf den ungedeckten Turm a8. Schwarz wird zuerst — vorausgesetzt der Spieler bemerkt überhaupt die Mattdrohung! — seinen König sichern müssen (g7—g6); danach kassiert Weiß den Ta8.

Wenn wir uns im Stellungsbild aber den schwarzen Bauern auf e6 wegdenken, würde die ganze Kombination an der Fesselung Tf8—e8 scheitern.

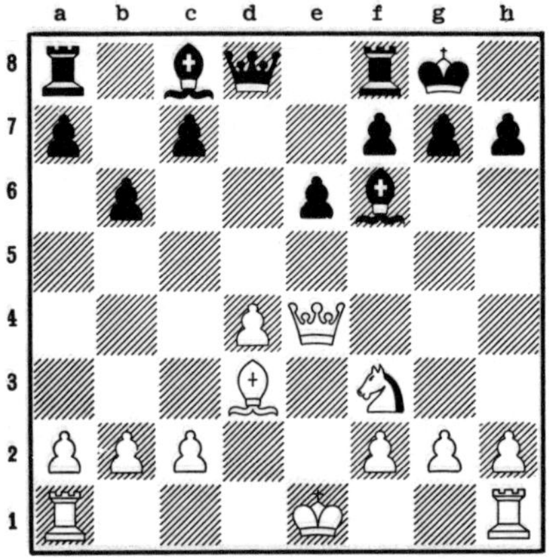

Stellung nach 11. De2—e4

Die *Gefahr der offenen e-Linie* in der Eröffnung demonstriert dieser Partiebeginn:

Schottisch: 1. e2—e4 e7—e5 2. Sg1—f3 Sb8—c6 3. d2—d4 e5×d4

Das Herausschlagen des Mittelbauern ist meistens richtig, hier besonders.

4. Sf3×d4 Dd8—h4?

Ein Damenmanöver von fraglichem Wert, denn »Ziehe die Dame nicht frühzeitig in der Eröffnung« heißt ein Lehrsatz; und Dr. Tarrasch, der deutsche Lehrmeister, fügte hinzu: »außer wenn es gut ist!«

5. Sd4—f3! Dh4×e4+ 6. Lf1—e2 d7—d5 7. 0—0 Sc6—b4?!

Wieder ein unberechtigter Angriffszug von Schwarz. Mit unentwickelten Kräften den schon entwickelten Gegner anzugreifen ist die Methode der Unerfahrenen.

8. Tf1—e1!!

Ein starker und typischer Zug für solche Stellungen. In der e-Linie stehen Dame und König, die zwei wertvollsten Figuren, hintereinander. Ihnen droht jetzt ein gefährlicher Angriff des weißen Turmes.

8. . . . Sb4×c2 9. Dd1×c2!! De4×c2 10. Le2—b5++

Wieder das tödliche Doppelschach.

10. . . . Ke8—d8 11. Te1—e8‡

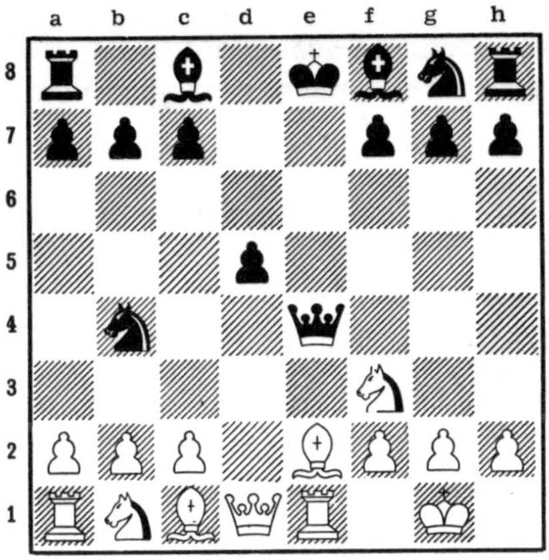

Stellung nach 8. Tf1—e1!

Das bekannte Gegenstück mit Schwarz als Sieger sieht so aus: *Mittelgambit:* 1. e2—e4 e7—e5 2. d2—d4 e5×d4 3. Dd1×d4 Sb8—c6. Schwarz gewinnt damit ein wichtiges *Entwicklungstempo* gratis. 4. Dd4—e3 Sg8—f6 5. h2—h3? Besser als der Sicherungszug (gegen Sg4) wäre die Entwicklung mit 5. Sc3/Ld2/0—0—0 usw.

5. . . . Lf8—e7 6. Lf1—c4 0—0 7. a2—a3?

Schon wieder Zeitverlust; Sb4 war nicht zu fürchten. Aber diese Randbauernaufzüge in der Eröffnung sind typische Anfängerfehler.

7. . . . Tf8—e8 8. De3—b3?

Weiß sieht einen Angriffszug (Lf7: + mit Bauern- und Qualitätsgewinn). Aber dagegen besitzt der vollentwickelte Gegner den versteckten Angriff in der e-Linie, die überraschend demaskiert wird.

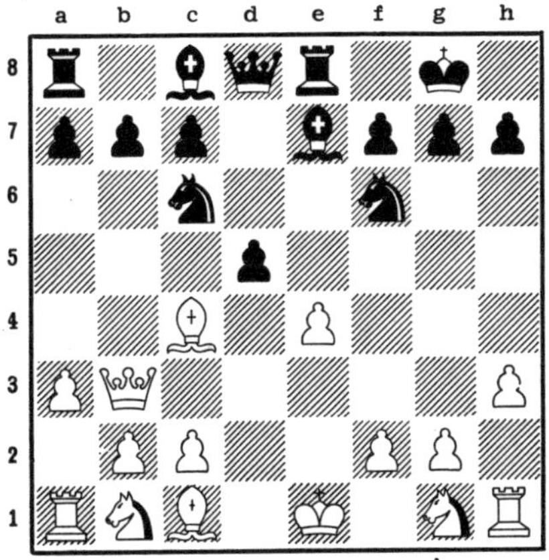

Stellung nach 8. . . . d7—d5!

8. . . . d7—d5!

Weiß hat gegen die Positionsgesetze verstoßen, die besagen: Vor Entwicklung seiner Streitkräfte und vor Sicherstellung des eigenen Königs nicht auf Angriff spielen!

9. Lc4×d5 Dd8×d5!

Schwarz könnte auch mit dem Sf6 nehmen, aber das Damenopfer ist zwingender.

10. e4×d5 Le7—b4++

Das uns schon bekannte Doppelschach. Hätte Weiß im 10. Zug mit der Dame auf d5 geschlagen, wäre es nach Sf6×d5 zum selben Ende gekommen.

11. Ke1—d1 (oder Ke1—f1) Te8—e1‡!

Das „erstickte Matt"

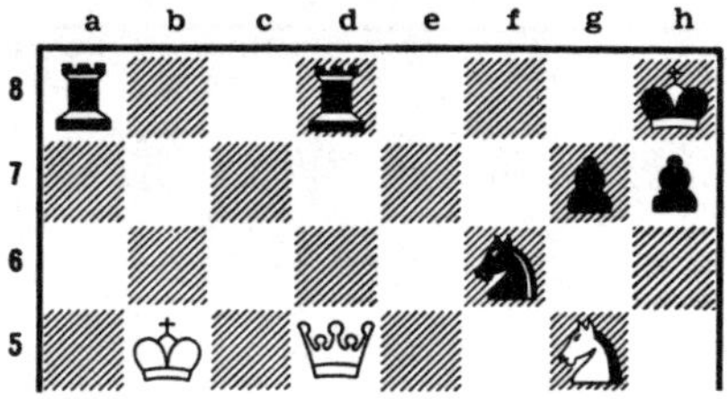

Weiß am Zug gewinnt

Das »erstickte Matt« haben wir schon in Test 7 kennengelernt. Das Grundschema hat 1625 der Italiener Greco dargestellt:
1. Sg5—f7+ Kh8—g8 2. Sf7—h6+ (geht der König nach f8, folgt Df7‡) Kg8—h8 3. Dd5—g8+!! Ein Damenopfer, das den König einmauert. 3. ... Td8×g8 (oder Sf6×g8) 4. Sg5—f7‡!

Die Springergabel

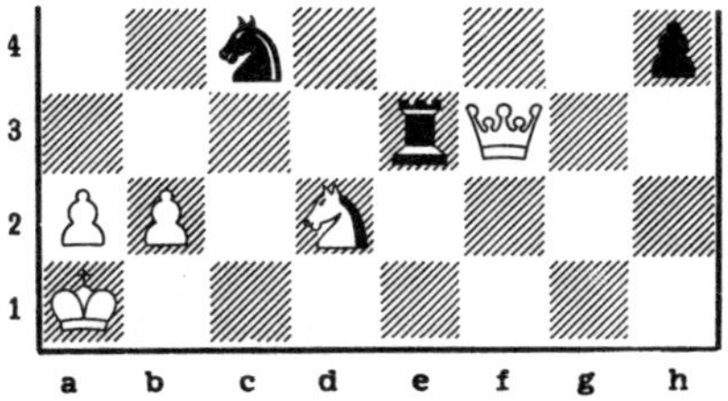

Schwarz am Zug gewinnt

Mit dem profanen Schlagen Te3×f3 würde Schwarz noch immer in materiellem Nachteil bleiben. Richtig ist die Tauschkombination:
1. ... Te3—e1+ 2. Sd2—b1 Te1×b1+! 3. Ka1×b1 Sc4—d2+
Die Springergabel erobert das geopferte Material mit Zinsen zurück. 4. Kb1—c2 Sd2×f3 und gewinnt, denn der Bh4 läuft unaufhaltsam nach h1 zur Umwandlung.

Die Macht der Läufer

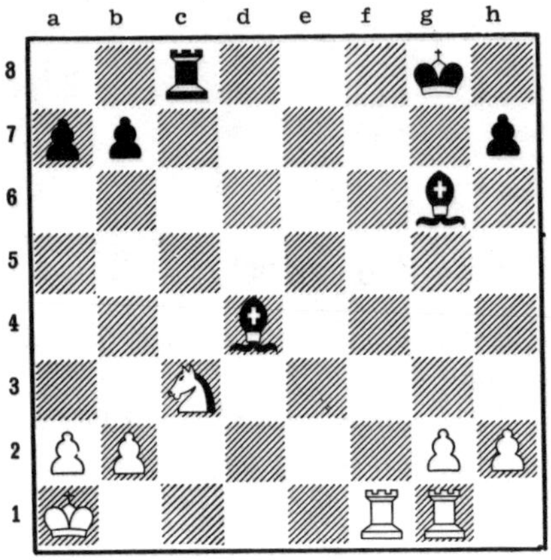

Schwarz am Zug

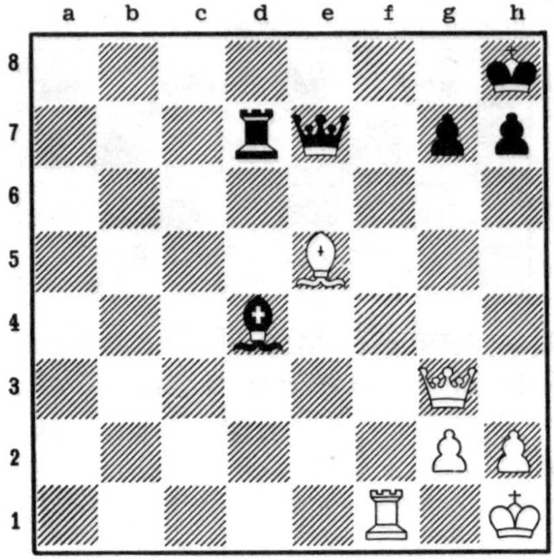

Weiß am Zug

Zwei verlockende Möglichkeiten bieten sich dem Schwarzen scheinbar, denn er kann mit dem Läufer den Tg1 schlagen und die Qualität zurückgewinnen, die er im Rückstand liegt. Nur Bauerngewinn brächte 1. ... Lc3: 2. b2×c3 Tc8×c3. Finden Sie einen besseren Zug?

Was für schöne Kombinationen sich dem Spieler oft bieten, wird im Bild rechts deutlich. Obwohl der Punkt g7 dreifach bei Schwarz gesichert ist, wird er gestürmt:

1. Dg3×g7+!! De7×g7 2. Tf1—f8‡! Für den lernenden Schachspieler nicht einfach zu erkennen.

Und die Lösung des ersten Diagramms haben Sie gefunden? Schwarz opfert auf c3 mit dem Turm: 1. ... Tc8×c3, und wenn Weiß nimmt, würde das schöne Zweiläufermatt nach Ld4×c3‡ auf dem Brett erscheinen.

Vorsicht! Falle!

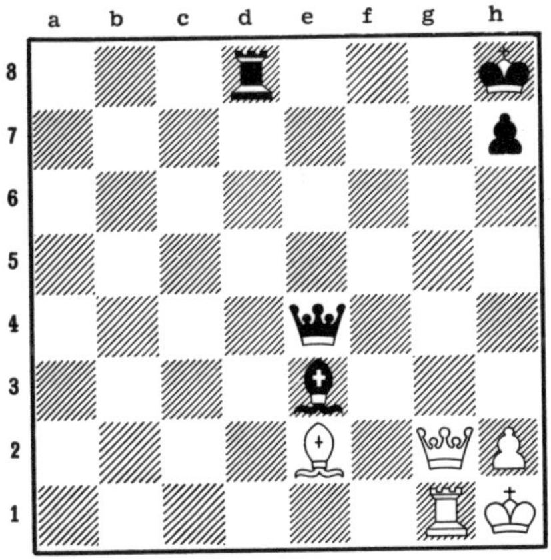

Schwarz am Zug

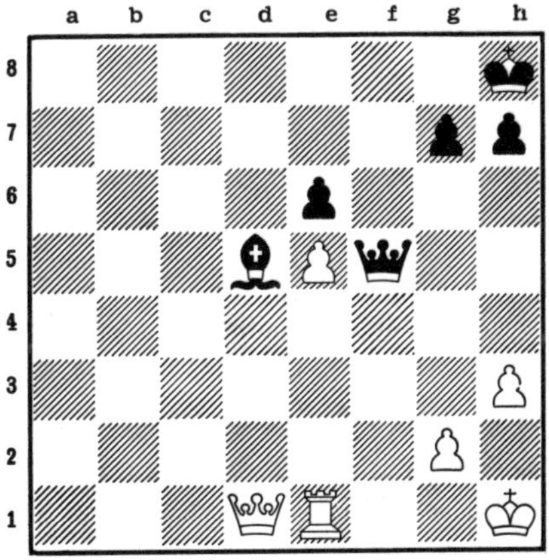

Weiß am Zug

Viele Schachspieler würden diese Partie für Schwarz nicht gewinnen, denn der Zug 1. . . . Td8—g8! ist wirklich überraschend. Schwarz läßt die Dame »einstehen« und greift die weiße mit dem Turm an. Die weiße Dame aber ist gefesselt — sie kann nicht den frechen Turm mit Matt auf g8 herausschlagen. Nach 2. Dg2×e4 aber setzt Schwarz mit 2. . . . Tg8×g1 matt! Auch der Zwischenzug nach 1. . . . Tg8 mit 2. Lf3 hätte nichts geändert, denn die schwarze Dame nimmt den Läufer einfach weg — die Mattdrohung auf g1 bleibt bestehen, und das Gegenschach Db2+ ist nicht möglich, weil die weiße Dame an ihren König gefesselt bleibt.

Nun die Falle im Diagramm rechts: Muß Weiß etwa Dd1—g4 spielen oder gibt es einen besseren Zug?

Im Schach spielt die Sicherung der Stellung, das Gefühl für Gefahr eine große Rolle. Bevor der erfahrene Spieler den scheinbar tödlichen Zug 1. Te1—f1 ausführt, überzeugt er sich, ob das auch wirklich zu Damengewinn führt. (Nehmen Sie das Schema Seite 87 zu Hilfe!)

Gehen wir vom Schema zur Praxis auf den folgenden Seiten:

Test 9

A: Das geheimnisvolle Matt

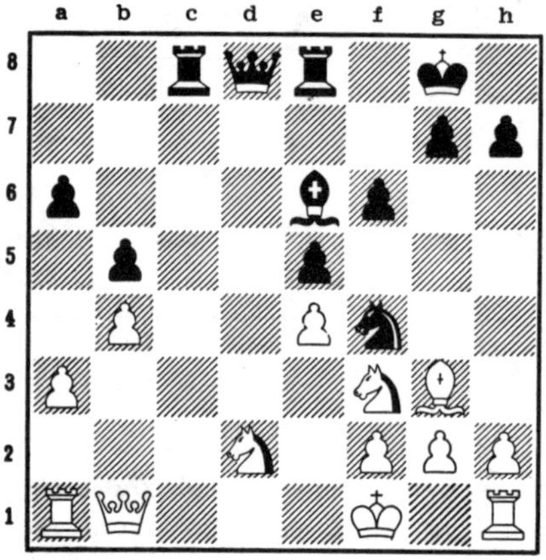

Wenger — Schuster
(Kaffeehauspartie Stuttgart 1939)
Schwarz am Zug

B: Übersehene Springergabel

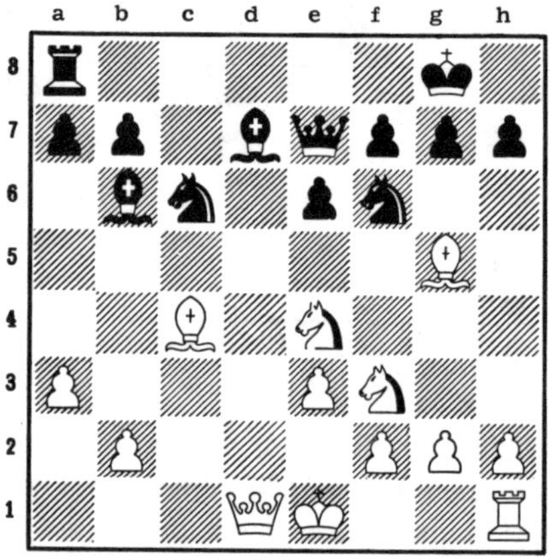

Gerusel — Weise, Ingolstadt
(Kandidatenturnier 1967)
Weiß am Zug

Die beiden ersten Aufgaben sind für fortgeschrittene Spieler gedacht. In der freien Kaffeehauspartie hatte Schwarz bereits eine Figur geopfert, um diese Stellung zu erhalten. Ein feines Lenkungsmanöver geht der entscheidenden Mattwendung voraus; im Hauptspiel wird der weiße König in acht Zügen matt.
In der Partie aus dem deutschen Kandidatenturnier hatte Schwarz zuletzt Lc5—b6? gezogen — aber Td8 wäre richtig gewesen. Jetzt gewinnt Weiß mit einem Trick plötzlich eine Figur — wie?

C: Mehr als Turmgewinn?

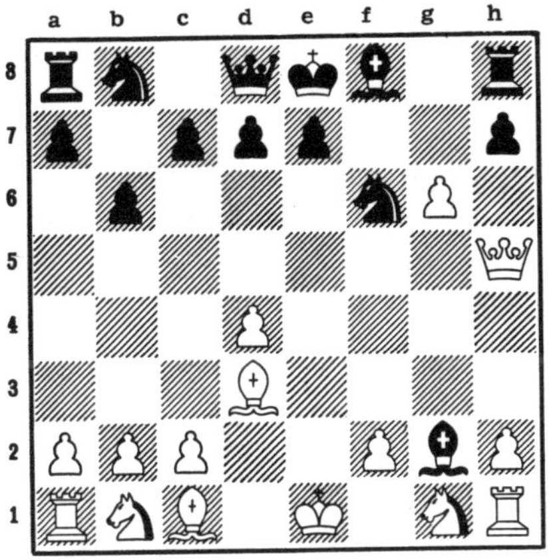

Auch dieses Fallenspiel veröffentlichte Greco schon 1625
Weiß am Zug

D: Soll man die Qualität nehmen?

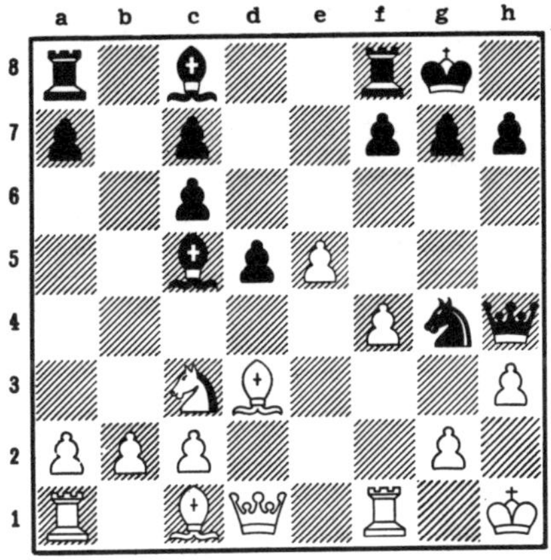

Neckermann — Schuster, München (Deutsches Kandidatenturnier 1934)
Schwarz am Zug

Sie können nach Kurznotation den Spielanfang nachspielen: 1. e4 b6 2. d4 Lb7 3. Ld3 f5 4. ef5: Lg2: 5. Dh5+ g6 6. fg6: Sf6?? Richtig 6. . . . Lg7! mit haltbarer Stellung.
Widerstehen Sie nun der Verlockung des Materialgewinns durch das Abzugschach g6—g7 nebst g7×h8? Tun Sie es!
Eine elementare Kombinationswendung zeigt diese Kurzpartie aus dem Vorturnier zur Deutschen Schachmeisterschaft 1934 in München: 1. e4 e5 2. Sf3 Sc6 3. d4 cd4: 4. Sd4: Sf6 5. Sc3 Lb4 6. Sc6: bc6: 7. Ld3 d5 8. e5? Sg4 9. 0—0 0—0 10. f4? Lc5+ 11. Kh1 Dh4! 12. h3; soll Schwarz nun mit der Springergabel Sg4—f2+ die Qualität gewinnen — der Turm muß ja schlagen —, oder kann Schwarz stärker spielen?

Antworten

A: Schwarz opfert erst den Turm 1. . . . Tc8—c1+! 2. Db1×c1 Dd8—d3+ 3. Kf1—g1 (Ke1? De2‡) Sf4—e2+ 4. Kg1—f1 Se2×c1+ 5. Kf1—g1 (der König kann keine anderen Züge machen) Sc1—e2+ 6. Kg1—f1 Se2×g3++. Die Dame auf c1 mußte beseitigt werden, und den Platz auf g3 benötigt der Springer für die Schlußwendung. 7. Kf1—g1 Dd3—f1+!! 8. Ta1×f1 (oder Sd2×f1) Sf4—e2‡. Mit dem »erstickten« Matt ist das Geheimnis gelöst.

B: Nach 1. Lg5×f6 g7×f6 2.Dd1×d7 verlor Schwarz eine Figur und gab auf. Bei 2. ... De7×d7 tritt die Springergabel in ihre Funktion mit Se4×f6+. Bilanz: Figurenplus für Weiß.
C: Matt in 2 Zügen durch 7. g6×h7+!! Sf6×h5 8. Ld3—g6#! Der Bauer h7 als Schutz des Feldes g6 mußte beseitigt werden.
D: Schwarz zog 12. ... Dh4—g3! und Weiß gab auf. Denn wenn 13. h3×g4, so Rückkehr mit Dg3—h4#. Und ganz aussichtslos wäre die Hergabe der Dame für den Springer mit 13. Dd1×g4 Lc8×g4, wonach immer noch h3×g4 mit Dh4# folgen würde.

Die Kombination ist ein Grundelement im Schachspiel

Schon in der Eröffnung sind Kombinationen dann möglich, wenn der Gegner fehlerhaft spielt.

Das Matt der Läufer

Caro-Kann: 1. e2—e4 c7—c6 2. d2—d4 Sg8—f6 3. Lf1—d3 d7—d5 4. e4—e5 Sf6—d7? (besser Sg8) 5. e5—e6! f7×e6??
Richtig war die Rückkehr nach f6. Die folgende Wendung sollen Sie sich gut merken, denn sie kommt in der Praxis vor, vor allem gegen unerfahrene Spieler. Die Schräge h5—e8 zum schwarzen König ist entblößt; ein Matt in zwei Zügen wird die Strafe:

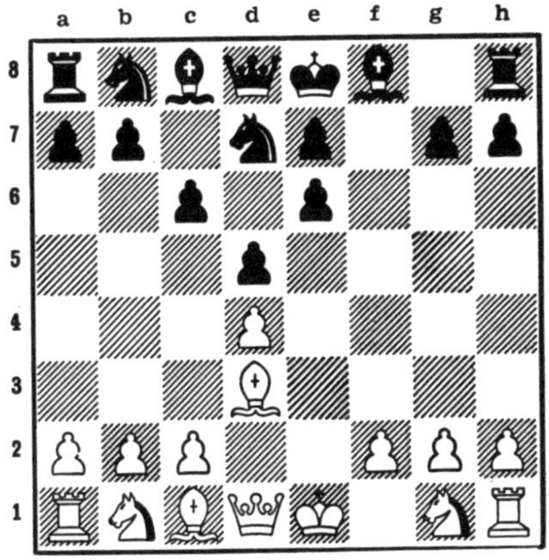

Stellung nach 5. . . . f7×e6?

6. Dd1—h5+ g7—g6 7. Dh5×g6+! Opfern Sie die Dame, nicht den Läufer, das beeindruckt den Gegner! 7. . . . h7×g6 8. Ld3×g6‡!
Froms Gambit: 1. f2—f4 e7—e5 2. f4×e5 d7—d6 3. e5×d6 Lf8×d6 4. Sg1—f3 g7—g5!
Der theoretische Zug; es droht g5—g4 mit Einfall der schwarzen Dame auf h4. Dagegen ist am besten 5. d2—d4 g5—g4 6. Sf3—e5 usw. Aber als Reflexhandlung sieht man bei Weiß öfter auch diesen Zug: 5. h2—h3??

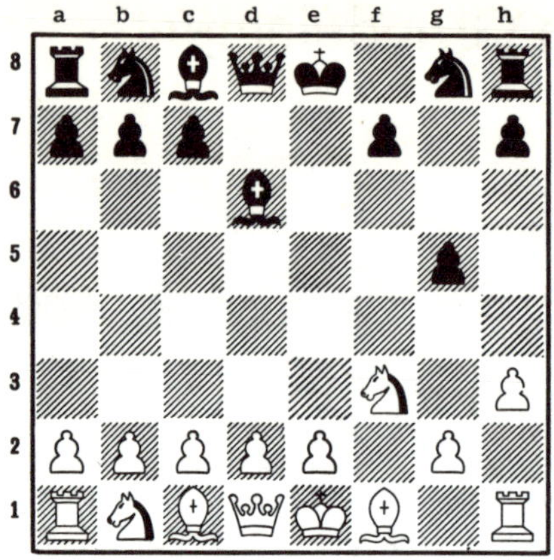

Stellung nach 5. h2—h3??

5. . . . Ld6—g3‡!

Im Falle von 5. Sb1—c3? g5—g4 6. Sf3—g1 bekämen wir wieder das schöne Läufermatt mit Damenopfer zu sehen: 6. . . . Dd8—h4+ 7. g2—g3 Dh4×g3+ 8. h2×g3 Ld6×g3‡ — das umgekehrte Bild des vorigen Beispiels.

Zwei Tauschkombinationen aus der Eröffnung

Das Scheinopfer ist eine Kombinationswendung aus der Eröffnungspraxis. Dabei wird eine Figur zunächst nur scheinbar geopfert, im nächsten Zug aber durch eine Gabel wieder zurückerobert.

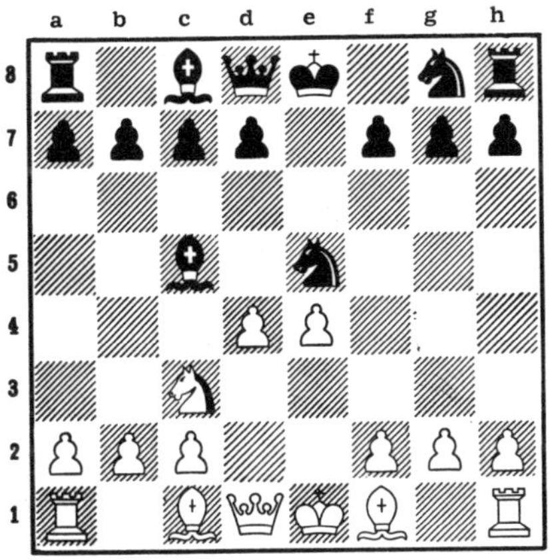

Stellung nach 5. d2—d4

Dreispringerspiel: 1. e2—e4 e7—e5 2. Sg1—f3 Sb8—c6 3. Sb1—c3 Lf8—c5 4. Sf3×e5! Sc6×e5 5. d2—d4
Das Scheinopfer dient der Entwicklung; mit dem Doppelschritt des Damenbauern wird nicht nur die Figur zurückgewonnen, sondern es haben sich gleichzeitig zwei Linien für Weiß geöffnet: die Schräge c1—h6 und die Linie d2—d4.
5. . . . Lc5×d4 6. Dd1×d4 Dd8—f6
Hier lernen wir auch gleich eine bekannte Eröffnungsfalle kennen. Weiß darf nicht den Angriffszug 7. Sc3—d5?? machen. Schwarz hat nämlich einen Abzugsmechanismus auf die weiße Dame aufgebaut: 7. . . . Se5—f3+! 8. g2×f3 Df6×d4 und weg ist das kostbare Stück. Weiß setzt am besten so fort: 7. Lc1—e3, bringt eine neue Figur ins Spiel und deckt die Dd4. (Nur für gute Spieler sei die noch bessere Fortsetzung 7. Sc3—b5 erwähnt.)

Ein Gegenstück dazu zeigt das *Läuferspiel* oder auch »Wiener Partie« genannt:

1. e2—e4 e7—e5 2. Sb1—c3 Sg8—f6 3. Lf1—c4 Sf6×e4!

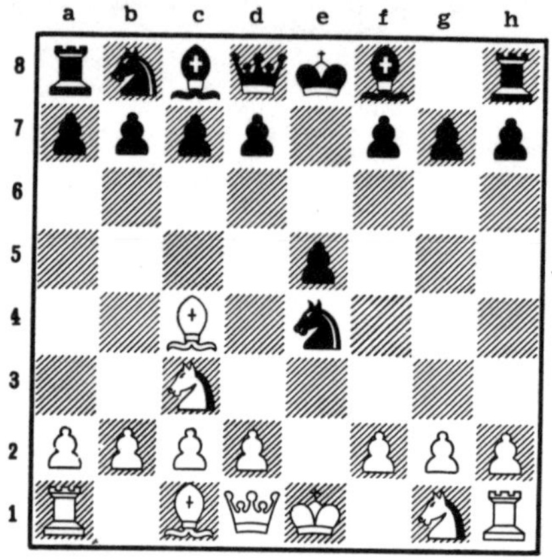

Stellung nach 3. ... Sf6×e4

Nur gute Schachspieler beherrschen diese Eröffnungsfinesse! In der Regel glaubt der Gegner, die weiße Stellung verdiene den Vorzug; das ist aber falsch. Wir wollen nur auf diese wichtige Variante hinweisen:

4. Lc4×f7+? Ke8×f7

Freilich wird man es in der Regel vermeiden, sich in der Eröffnung die Rochade zerstören zu lassen. Aber dies hier ist eine der Ausnahmen. In den Rubriken 7 und 7a der Eröffnungstabellen finden Sie die entsprechenden Züge. Weiß setzt besser fort mit 4. Sc3×e4 d7—d5 5. Lc4—d3 d5×e4 6. Ld3×e4 mit Ausgleich.

Aber bei 5. Lc4×d5 Dd8×d5 6. Dd1—f3 stellt diesmal Weiß die Falle: nach 6. ... Sb8—c6 ?? oder f7—f5?? funktioniert wieder der Abzug auf die Dame mit 7. Se4—f6+! nebst 8. Df3×d5 Damengewinn.

Das Endspiel

Ein paar Endspielstellungen haben wir schon in den Kapiteln »Schach und Matt« und »Das Patt und das Remis« gesehen. Nun wollen wir uns genauer mit der Endphase von Schachpartien beschäftigen. Das Brett ist hier meistens recht leer, es stehen nur noch wenige Figuren zur Verfügung und wir wollen uns ansehen, wie die Mattführung mit den einzelnen Figuren im Prinzip abläuft.
Eine wichtige Endspielgattung ist auch das Bauernendspiel, in dem durch die Umwandlung eines Bauern oft eine entscheidende Wendung eintreten kann. Zunächst wollen wir uns aber nur mit den Figuren beschäftigen:

Das Mattsetzen mit Dame oder Turm

Sehen wir uns dazu einmal verschiedene Stellungen an:

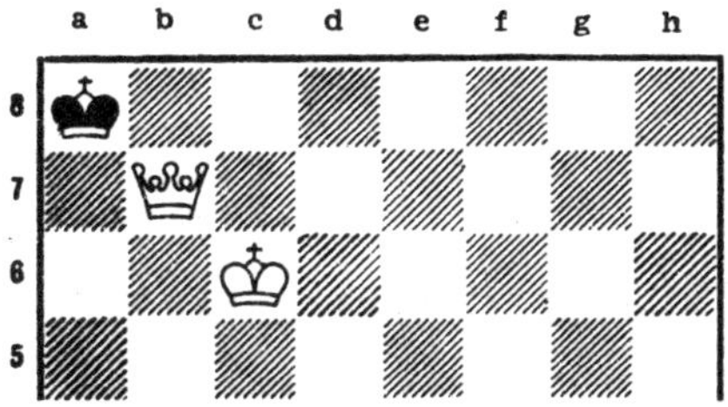

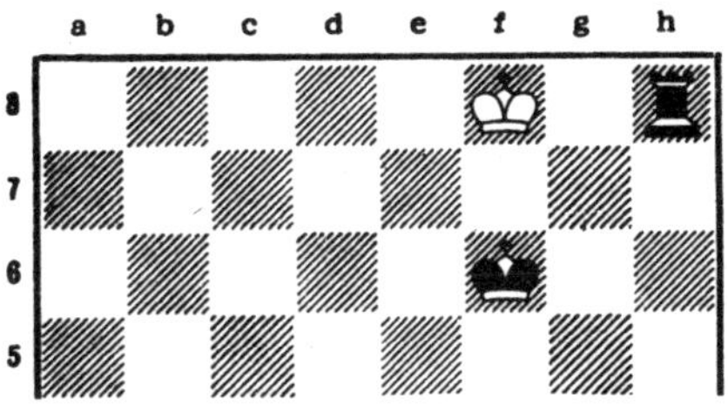

Im linken Diagramm ist Schwarz matt. Der König kann die weiße Dame nicht schlagen, da sie vom weißen König gedeckt ist. Die Felder a7 und b8 werden von der Dame kontrolliert.
Im rechten Diagramm ist der weiße König matt. Er hat keinen Ausweg, denn die Felder der 8. Reihe beherrscht der Turm und die Felder der 7. Reihe — e7, f7, g7 — beherrscht der schwarze König.

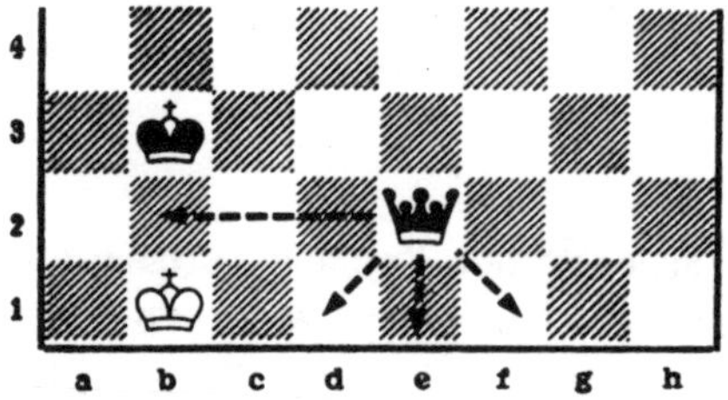

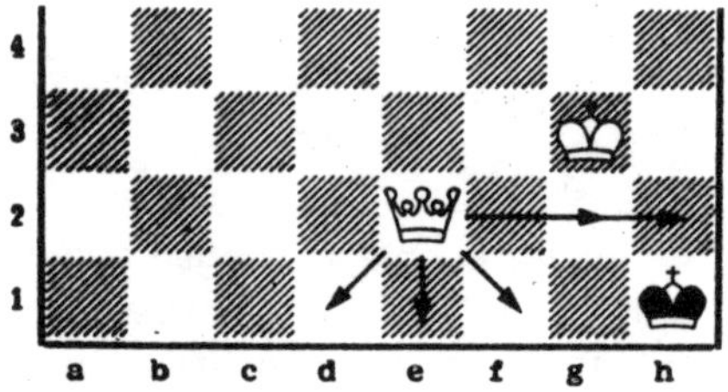

Im linken Diagramm kann Schwarz unter vier verschiedenen Zügen wählen, den König mattzusetzen. Er kann seine Dame nach b2, d1, e1 oder f1 ziehen. Im rechten Diagramm kann Weiß mit fünf verschiedenen Zügen mattsetzen.

Das Matt mit Dame und König gegen König kann in neun Zügen erzwungen werden. Bei sonst leerem Brett kann die Dame allein nicht mattsetzen, immer ist die Unterstützung des eigenen Königs notwendig. Er muß zum Schluß die Dame decken oder restliche Felder abschneiden. Bei sonst leerem Brett kann das Matt mit Dame und König gegen König nur am Brettrand erzwungen werden. Es ist daher notwendig, daß der Angreifer, in unserem Fall also die Partei mit König und Dame den feindlichen König an den Rand, möglichst auf ein Eckfeld treibt. Ein Beispiel:

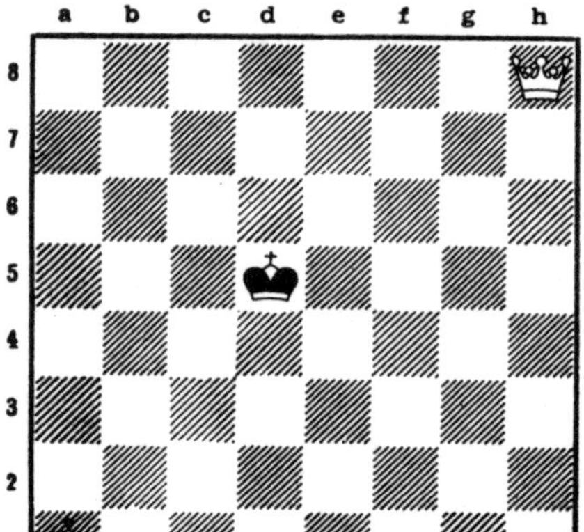

Die Position ist günstig für Schwarz, weil der weiße König erst zur Mitte eilen muß und der schwarze König noch größte Bewegungsfreiheit besitzt. Das folgende Verfahren zum Matt des schwarzen Königs ist typisch, und Sie sollten es am besten gleich einmal auf Ihrem Brett nachvollziehen:

1. Ka1—b2 Kd5—e4
2. Kb2—c3 Ke4—d5
3. Dh8—e8

Der König wird auf eine Bretthälfte beschränkt.

3. . . . Kd5—c5
4. De8—e6 Kc5—b5

Der König hatte nur noch diesen Zug.

5. De6—d6 Kb5—a5
6. Kc3—c4 Ka5—a4
7. Dd6—a6‡ (matt)

Vielerlei Variationen wären bei dieser Zugfolge von beiden Seiten möglich gewesen; bei unseren Zügen sind wir ohne ein einziges Schachgebot ausgekommen. Auch hätte das Matt mit Dame und König gegen König nicht in höchstens neun oder zehn Zügen ausgeführt werden müssen. Sie hätten dazu 50 Züge zur Verfügung gehabt.

Das Matt mit Turm und König gegen König kann in 16 Zügen erreicht werden, muß aber nicht. Das Matt mit zwei Läufern und König gegen König kann in 22 Zügen erzielt werden, muß aber nicht. Das Matt mit Springer, Läufer und König gegen König kann in 35 Zügen erreicht werden, muß aber nicht. In all diesen Fällen haben Sie nach der *50-Züge-Regel* bis zu 50 Züge zur Verfügung.

Diese Regel besagt, daß eine Partie dann als unentschieden anzusehen und zu bewerten ist, wenn seit dem letzten Schlagfall oder seit dem letzten Zug eines Bauern 50 Züge vergangen sind. Anders ausgedrückt haben Sie also 50 Züge Zeit, den Gegner mattzusetzen und die Partie zu gewinnen; dabei beginnt die Zählung der Züge nach jedem Schlagfall oder jedem Bauernzug von neuem. Bei Turnieren müssen die Züge nachgewiesen werden, um ein Unentschieden zu erhalten. Man schreibt deshalb mit, man notiert. Ein weiterer Grund, warum die Schachnotation sinnvoll und wichtig ist.

Nun wollen wir aber noch das Mattsetzen mit dem Turm in einem Beispiel üben. Wieder wollen wir die Zugfolge bis zum Matt verfolgen; oder besser, eine der möglichen Zugfolgen. Wir nehmen einmal an, Schwarz sei am Zuge:

1. . . . Kh1—g2
2. Ke5—d5 Kg2—f3
3. Kd5—d4 Ta8—a5

Der König wird mit diesem Zug des Turms auf die vier unteren Reihen beschränkt.

4. Kd4—c4 Kf3—e3
5. Kc4—b4 Ta5—d5
6. Kb4—c4 Ke3—e4

Der König schützt seinen Turm.

7. Kc4—b4 Ke4—d3
8. Kb4—b3 Td5—b5+
9. Kb3—a4 Kd3—c4
10. Ka4—a3 Tb5—b4!

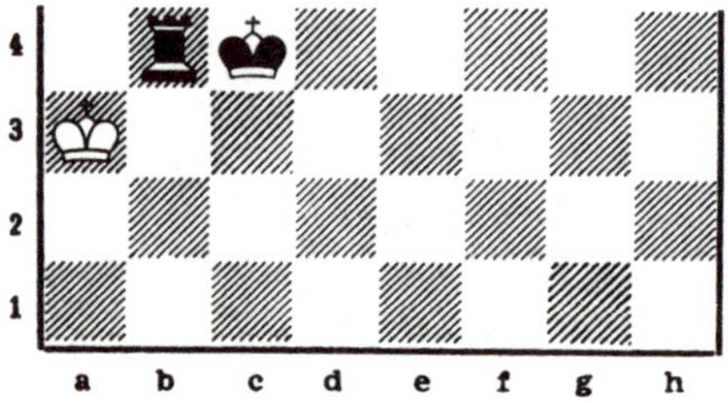

Die Rückkehr wird dem weißen König verwehrt. Er ist bereits am Rande und das Matt kann nur noch eine Frage von wenigen Zügen sein.

11. Ka3—a2 Tb4—b3
12. Ka2—a1 Kc4—d3 (oder c3)
13. Ka1—a2 Kd3—c2
14. Ka2—a1 Tb3—a3‡ (matt).

Aus den zahllosen Mattbildern, die mit Turm und König gegen König möglich sind, noch ein Beispiel:

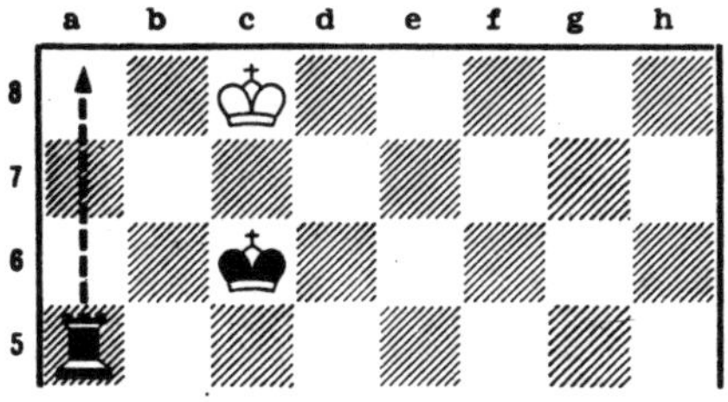

Schwarz am Zug könnte mit Ta5—a8 sofort mattsetzen. Wäre aber Weiß am Zug, so könnte er zwischen zwei Möglichkeiten wählen: Kc8—b8 und Kc8—d8. In beiden Fällen könnte Schwarz in zwei Zügen mattsetzen. Im Falle Kb8 zieht der Turm zunächst auf a1, a2, a3, a4 oder a6, im Falle Kd8 auf e5; beidemal ist der König gezwungen auf c8 zurückzuziehen und der Turm kann auf der 8. Reihe mattsetzen.

Das Mattsetzen mit zwei Läufern

Das Matt mit zwei Läufern kann nur auf einem Eckfeld erzwungen werden. Es kann in 22 Zügen erreicht werden; unsere zwei Beispiele zeigen die Schlußphase. Das Matt wird im nächsten Zug erzielt. Im linken Diagramm zieht der weiße Läufer von d7 nach c6 und im rechten Diagramm zieht der schwarze Läufer auf h3 nach g2. Hier kommt es also darauf an, den gegnerischen König in ein Eckfeld zu zwingen.

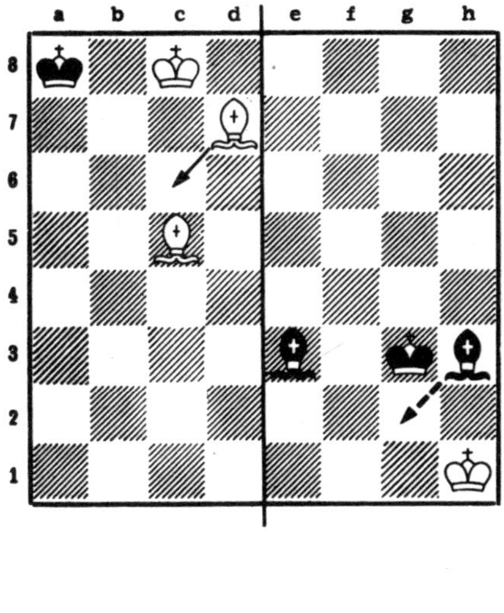

Das Mattsetzen mit Springer und Läufer

Das Mattsetzen mit Springer und Läufer zählt zu den schwierigsten im Endspiel. Das Matt kann nur in der Ecke von der Farbe des Läufers erzwungen werden. Ein guter Spieler kann das Matt von jeder Stellung aus in 35 Zügen erzwingen.

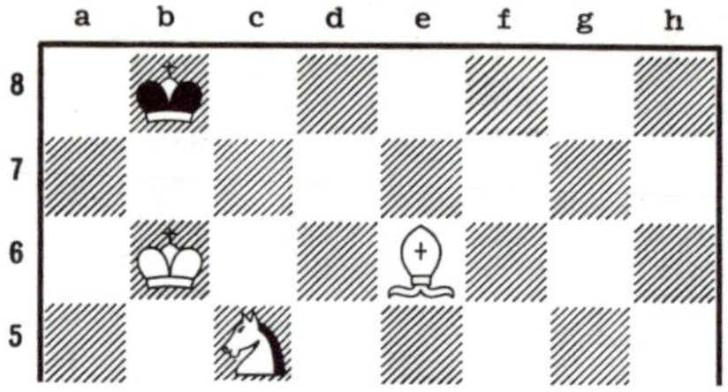

Wenn Schwarz am Zug ist, muß sich Weiß nach Kb8—a8 nur davor hüten, mit Sc5—a6? oder Sc5—d7 Schwarz pattzusetzen. Richtig ist nach 1. ... Kb8—a8 ein Tempozug mit dem Läufer, etwa 2. Le6—d7 Ka8—b8 3. Sc5—a6+ Kb8—a8 4. Ld7—c6‡.

Sparsame Mattbilder

Das Matt mit König und zwei Springern, mit König und Läufer oder auch mit König und Springer gegen einen blanken König kann nicht mehr erzwungen werden. Dennoch können ein Läufer, ein Springer, ja sogar ein Bauer allein ein Matt erzielen. Das setzt allerdings voraus, daß der gegnerische König durch andere (eigene) Steine behindert ist. So kommen solche Mattbilder vor, die mit minimalen Mitteln möglich sind:

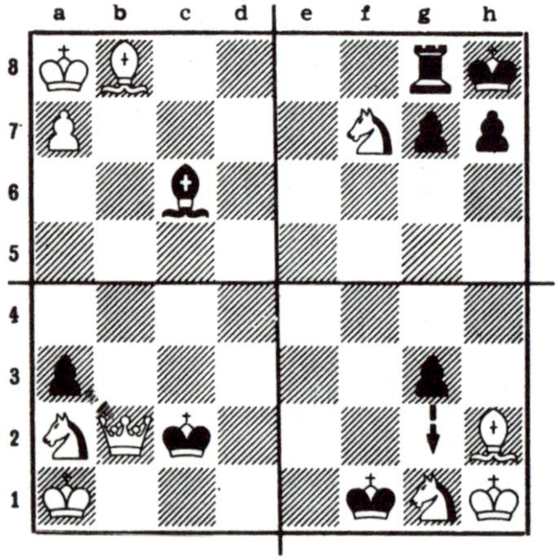

Links oben ist der König im Eck durch den schwarzen Läufer matt; ohne Mithilfe des schwarzen Königs also, den wir uns irgendwo denken können. Die beiden eigenen Steine verhindern seine Flucht.
Rechts oben sehen wir das sogenannte »erstickte« Matt. Der Springer bringt das Kunststück zuwege, den schwarzen König trotz großer Übermacht in der Ecke mattzusetzen. Der König ist von eigenen Steinen eingeschlossen und »erstickt« in der Ecke h8.
Riesig ist die Übermacht von Weiß links unten. Er hat Dame und Springer, während Schwarz nur noch über ein letztes armseliges Bäuerlein verfügt. Und doch kann der Bauer mattsetzen: a3×b2 matt. Freilich muß Weiß durch seinen letzten Zug mitgeholfen haben; denkbar wäre auch, daß einen Zug vorher Schwarz auf b2 mit Dame oder Läufer Schach geboten hat, denn dann war die weiße Dame zum Nehmen ja gezwungen.
Rechts unten begnügt sich Schwarz am Zuge nicht mit der Wegnahme des weißen Läufers durch seinen Bauern (g3×h2), sondern setzt den weißen König matt mit g3—g2‡.

Das »Ewige Schach« oder »Dauerschach«

Bei Schachpartien kann die Situation eintreten, daß einem König dauernd Schach geboten wird; er flieht, die schachbietende Figur folgt und bietet erneut Schach, der König entgeht durch Rückzug auf sein ursprüngliches Feld, aber der Schachbieter geht ebenfalls wieder zurück und bietet erneut Schach, der König flieht wieder — und so würde das ewig weitergehen. Man nennt eine solche Situation »Ewiges Schach« oder »Dauerschach«.
Es genügt schon, wenn sich dreimal beiderseits dieselbe Zugfolge abspielt; dann ist das Spiel nach den Regeln unentschieden.
Auf unserem folgenden Bild kann Weiß mit seiner Dame Dauerschach geben: Der König steht im Schach; er kann nur nach h8 ziehen. Dann schlägt die Dame den Bauern auf h6 (Schach), der König muß auf g8 zurück, die Dame ihrerseits kehrt nach g6 zurück (Schach); erneut muß der König nach h8 rücken, die Dame bietet auf h6 Schach und so weiter. Schwarz hat keine andere Möglichkeit, dem Schach der Dame zu entrinnen, denn er kann keinen Stein zwischen Dame und König stellen. Nur Weiß könnte das Dauerschach aufheben, indem er mit der Dame auf ein anderes Feld ziehen würde. Das wird er natürlich nur dann tun, wenn er noch eine Chance für sich sieht, den König mattzusetzen, da er dann statt des Remis (bei Dauerschach) einen Sieg erreichen könnte. Sieht er keine Chance mehr, dann wird er sich natürlich wenigstens den halben Punkt durch das Remis sichern.

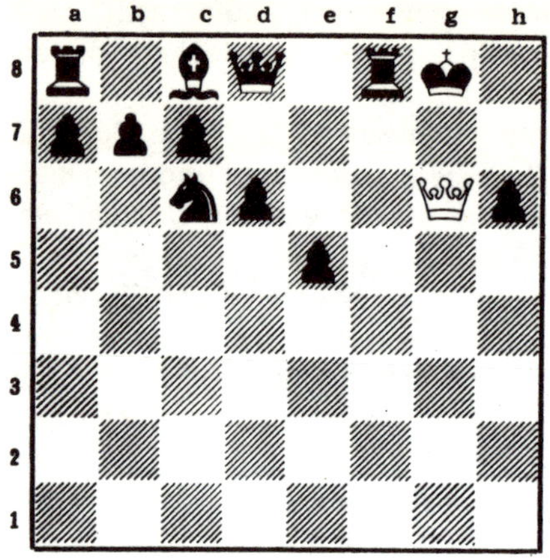

Bauernendspiele

Mit einer ganzen Anzahl von Endspielgattungen haben wir uns nun vertraut gemacht. Aber nicht immer ist es so, daß nur noch ein oder zwei leichte oder schwere Figuren gegen einen blanken König stehen. Es kommt gar nicht so selten vor, daß sogar einzelne Bauern das Mittelspiel erfolgreich überstanden haben und nur durch geschickte Umwandlung den Spielausgang noch beeinflussen können. Die elementaren Kenntnisse über Bauernendspiele gehören deshalb zum Handwerkszeug eines jeden Schachspielers. Zunächst einmal wollen wir versuchen, wie ein Bauer mit Hilfe seines Königs die letzte Reihe erreichen kann, wenn der gegnerische König das Umwandlungsfeld kontrolliert. Hier gilt es eben zu versuchen, den verteidigenden König abzudrängen. Dabei kommt uns oft der Zugzwang zu Hilfe, das heißt, der Gegner muß ziehen und dadurch eine günstige Position mit seinem König aufgeben:

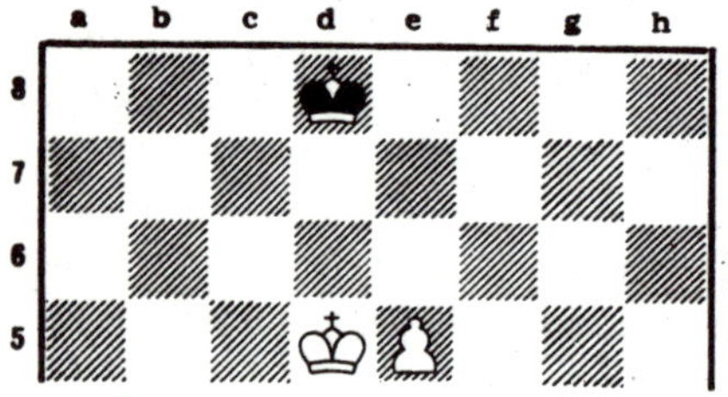

Der weiße Bauer strebt auf das Umwandlungsfeld der letzten Reihe e8. Weiß am Zuge kann das Ziel erreichen mit

1. Kd5—d6

Es würde auch der Zug Ke6 gewinnen; aber grundsätzlich ist es richtig, mit dem eigenen König in Opposition (Gegenüberstellung) zum gegnerischen König zu gehen.

1. ... Kd8—e8

2. Kd6—e6

Es gilt die Regel: Gelingt es dem angreifenden König, das 6. Feld (beziehungsweise im Falle von Schwarz die 3. Reihe) genau vor seinem Bauern zu erreichen, dann ist die Umwandlung gesichert. Das ist hier der Fall. Immer hält der weiße König die Opposition.

2. ... Ke8—d8

Der schwarze König muß infolge Zugzwangs die Opposition aufgeben. Das treffliche Wort »Zugzwang« wird sowohl im Englischen als auch im Russischen verwendet!

3. Ke6—f7 Kd8—d7

4. e5—e6+ Kd7—d8

5. e6—e7+ Kd8—c7

6. e7—e8D

Weiß hat die Umwandlung zur Dame damit durchgesetzt. Falsch wäre in der Bildstellung der Zug

1. e5—e6?

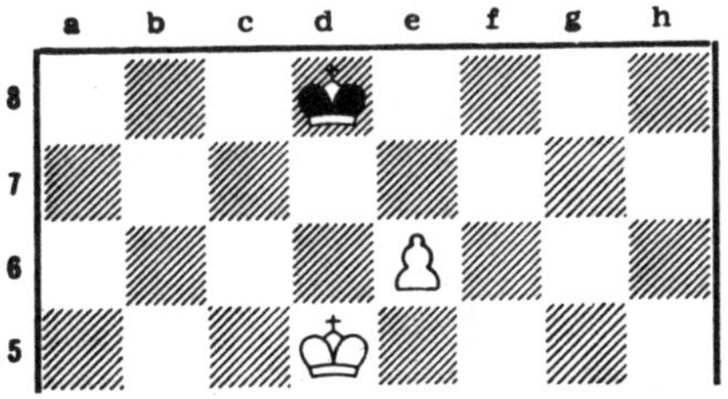

Danach kann Schwarz erfolgreich die Opposition halten und die Umwandlung verhindern:

1. ... Kd8—e7

2. Kd5—e5 Ke7—e8!

Jeder andere Königszug würde verlieren, weil Weiß wieder die Opposition erringen könnte: 2. ... Ke7—d8? 3. Ke5—d6 (Opposition) 3. ... Kd8—e8 4. e6—e7 Ke8—f7 5. Kd6—d7 nebst e7—e8D. Oder der König geht nach der anderen Seite: 2. ... Ke7—f8? 3. Ke5—f6! (Auch hier geht der König in Opposition, und der Gegner muß sie aufgeben).

3. Ke5—d6 Ke8—d8

Schwarz wird nicht verlieren, weil der König die Opposition halten kann.

Eine Merkregel für diese Stellungen: Wenn der Bauer die vorletzte Reihe mit Schach betritt, ist ein Gewinn nicht möglich; betritt der Bauer die vorletzte Reihe lautlos, dann ist die Umwandlung gesichert und die Stellung gewonnen. Im Falle von 3. Ke5—f6 hätte Schwarz richtig mit Ke8—f8! erwidert.

5. Kd6—e6 Kd7—e8

4. e6—e7+ patt

Schwarz ist patt, die Partie remis. Der schwarze König steht nicht im Schach und doch kann er nicht mehr ziehen. Bei einem anderen Königszuge, etwa Kd6—e5 hätte Schwarz den Bauern mit seinem König geschlagen: Remis.

Randbauern (Eckbauern) gewinnen nicht

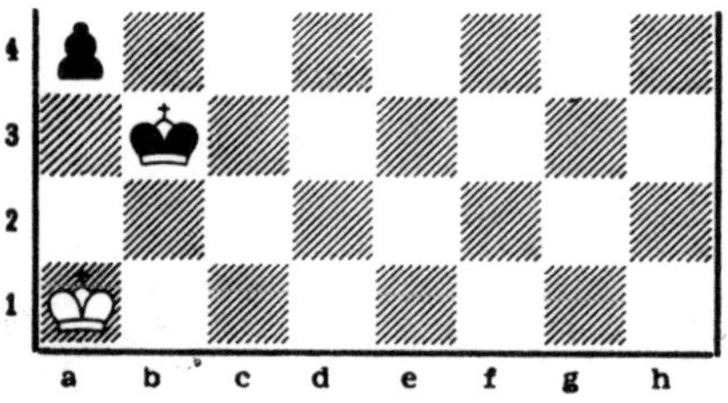

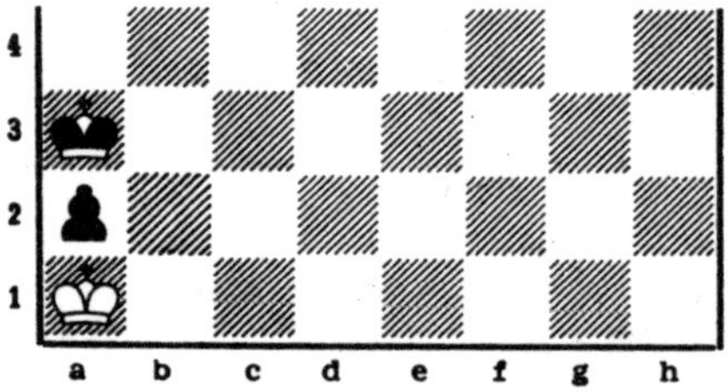

Randbauern oder Eckbauern können die Umwandlung nicht erzwingen, wenn der gegnerische König das Eckfeld beherrscht. Er ist aus der Ecke nicht herauszuzwingen und wird immer die Züge Ka1—b1 und Kb1—a1 ausführen. Die Schlußstellung sähe so aus wie im Teilbild auf der rechten Seite. Weiß wird patt, oder Schwarz muß den König wegziehen und den Bauern preisgeben, was auf dasselbe herauskommt; in beiden Fällen ist es Unentschieden.

Turm und Bauer gegen Turm

Turmendspiele kommen am häufigsten vor, häufiger als Bauernendspiele. Ein wichtiger Endspieltypus ist dabei die Stellung, in der eine Seite noch einen Bauern besitzt und diesen zur Umwandlung bringen möchte. Es gibt Positionen, in denen der Verteidiger durch geschickte Manöver dem Gegner den Gewinn erschweren oder unmöglich machen kann.
Eine elementare Gewinnführung ist diese:

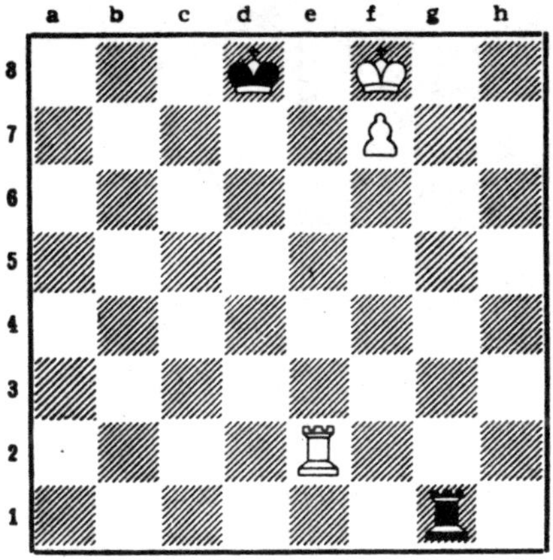

Im Moment kommt Weiß nicht weiter. Erst muß der König abgedrängt werden und dann der Brückenbau für den weißen König vorgenommen werden:

1. Te2—d2+ Kd8—c7
2. Td2—d5!

Zwecklos wäre statt dessen der Versuch 2. Ke7 Te1+ 3. Kf6 Tf1+ 4. Kg6 Tg1+ 5. Kf5 Tf1+ 6. Ke6 Te1+ und so weiter. Durch den »Brückenbau« auf der 5. Reihe kann Weiß später die Schachgebote abschirmen. Anstelle des Textzuges gewinnt aber auch 2. Td4, der Brückenbau auf der 4. Reihe.

2. ... Tg1—g2
3. Kf8—e7 Tg2—e2+
4. Ke7—f6 Te2—f2+
5. Td5—f5

Und der Bauer erreicht die 8. Reihe: 5. ... Tf2×f5+ 6. Kf6×f5 Kc7—d7 und 7. f7—f8D

Dame gegen Bauer

Wenn ein Bauer bereits die vorletzte Reihe erreicht hat, kann unter Umständen selbst gegen eine Dame noch das Unentschieden gerettet werden. Schwarz am Zuge kann durch einen Trick remis halten:

1. ... Kb2—b1

mit der Absicht der Umwandlung c2—c1D, denn jetzt ist der Bauer nicht mehr durch die Dame gefesselt. (Es kann nicht sofort 1. ... c2—c1 geschehen, weil der König im Schach der Dame stünde).

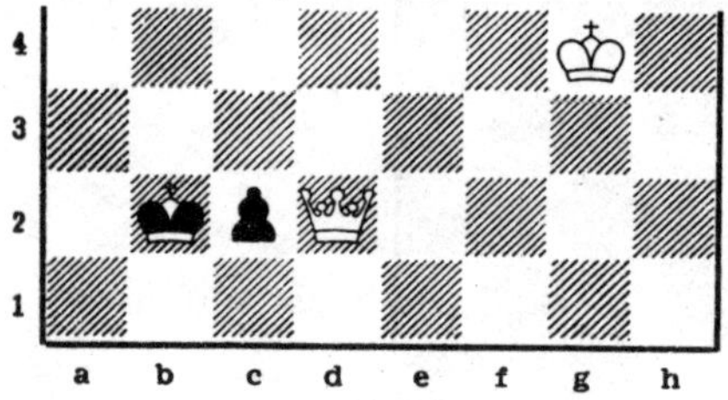

2. Dd2—b4+ Kb1—a2

Ein verhängnisvoller Fehler wäre die Selbstverstellung des Bauern mit 2. . . . Kb1—c1??, weil dann der weiße König ein entscheidendes Tempo zur Annäherung gewinnen würde. In solchen Endspielen hängt alles davon ab, daß der König der angreifenden Partei nicht zu nahe zum Bauern kommt.

3. Db4—c3 Ka2—b1

4. Dc3—b3+ Kb1—a1!

Dieser Pattwitz sichert das Remis. Schlägt die Dame den Bauern, ist Schwarz patt. Die Endstellung kennen wir schon, und zwar hatten wir sie uns auf Seite 49 angesehen, allerdings mit vertauschten Farben.

Ein Bauer auf der vorletzten Reihe kann nur dann noch Unentschieden erzielen, wenn es sich um die Eckbauern und die Läuferbauern handelt, und wenn der gegnerische König nicht zu nahe am Umwandlungsfeld steht. Es halten also der a-Bauer, der c-Bauer, der f-Bauer und der h-Bauer Unentschieden. Als selbstverständliche Voraussetzung für das mögliche Unentschieden gilt, daß der König bei seinem Bauern auf der vorletzten Reihe zu stehen kommt und daß die Dame nicht sofort das Umwandlungsfeld besetzen kann.

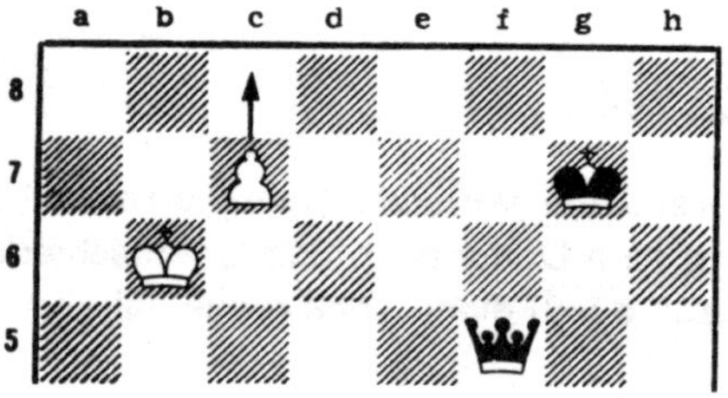

Weiß am Zuge hält remis (durch 1. Kb6—b7); Schwarz am Zuge gewinnt (durch 1. . . . Df5—c8).

Test 10

Fragen:

1. Der Gegner hat nur noch einen blanken König. Wieviel Züge stehen Ihnen für die Mattführung zur Verfügung und was geschieht, wenn Sie das Matt nicht erzielen können?
2. Muß man mit einer Dame und König gegen König in neun Zügen mattsetzen?
3. Kann man mit König und Läufer gegen König noch mattsetzen, oder müssen wir mit Remis zufrieden sein?
4. Wie entgeht im linken Diagramm der schwarze König dem Schachgebot des Springers?
5. Wenn der König (links) ausgewichen ist, könnte dann der Springer statt der Dame auch den Turm schlagen?
6. Wäre es ein guter Zug (links), wenn der Springer g6 den Turm f8 anstelle der Dame e7 nehmen würde?
7. Wieviel Möglichkeiten hat Schwarz im rechten Diagramm, das Schach der Dame abzuwehren?
8. Darf Schwarz (rechts) rochieren?
9. Kann der König (rechts) nach e7 ziehen?
10. Darf Schwarz (rechts) mit dem Sc6 auf e7 dazwischensetzen, um so das Schach der Dame abzudecken?

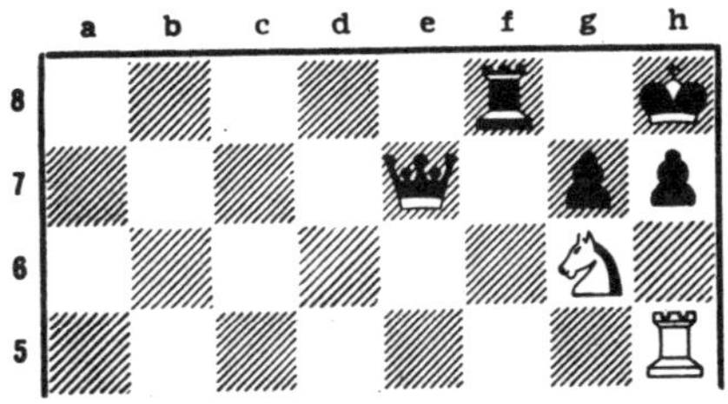

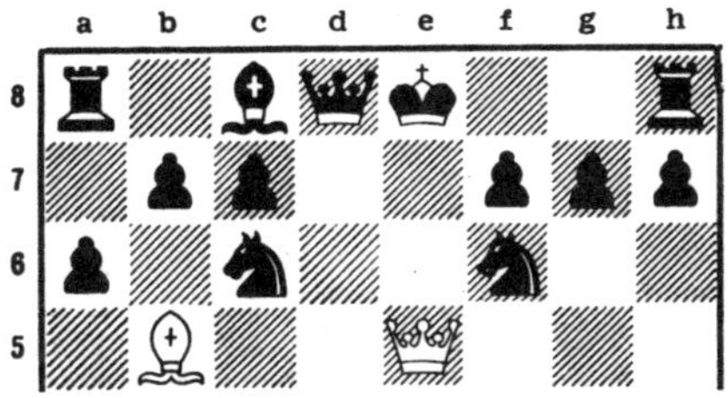

Antworten:

1. Sie haben 50 Züge zur Verfügung, dann wird die Partie remis gegeben.
2. Nein, auch hier haben Sie 50 Züge Zeit. Aber auch ein unerfahrener Spieler wird das Matt in bedeutend weniger als 50 Zügen erreichen.
3. Es ist kein Matt mehr zu erreichen.
4. Der König kann nur nach g8 ziehen. Der Bauer auf h7 kann den Sg6 nicht schlagen, da der König dann im Schach des Th5 stünde.
5. Ja.
6. Es wäre ein ausgesprochen schwacher Zug. Die Dame hat den doppelten Wert eines Turmes und außerdem kann der Springer die Dame gratis schlagen. Nimmt der Springer dagegen auf f8, so kann er dort entweder von König oder Dame geschlagen werden und Weiß hätte nur ein bescheidenes Geschäft gemacht.
7. Schwarz hat vier Möglichkeiten: Er kann entweder den Lc8 auf e6 oder die Dd8 auf e7 dazwischensetzen, oder er kann mit dem König nach f8 oder d7 fliehen.
8. Nein, aus einem Schachgebot darf nicht wegrochiert werden.
9. Nein, er stünde dort immer noch im Schachgebot der Dame.
10. Nein, der Springer ist vom weißen Läufer auf b5 an seinen Standort c6 gefesselt.

Schachaufgaben und Endspiele

Das Schachspiel gliedert sich in zwei Gebiete, in das Partieschach — man sagt auch das praktische Schach — und in das Kunstschach, bei dem Stellungen künstlich geschaffen werden: Schachaufgaben und Endspielstudien. In fast allen Schachzeitungen, auch in Schachbüchern und in Tageszeitungen finden wir neben der Veröffentlichung von Partien auch Schachprobleme, die dem Leser zum Lösen gestellt sind.
Das Schachproblem wird vom Verfasser — wir bezeichnen ihn auch als Problemkomponisten — nach den Schachregeln künstlich komponiert. Viele schöne und verborgene Ideen, die nur selten in den praktischen Partien zutage treten, können im Problem dargestellt werden. Am beliebtesten sind Zweizüger und Dreizüger. Dem Löser fällt die Aufgabe zu, herauszufinden, wie der schwarze König in spätestens der geforderten Zügezahl mattgesetzt werden kann.

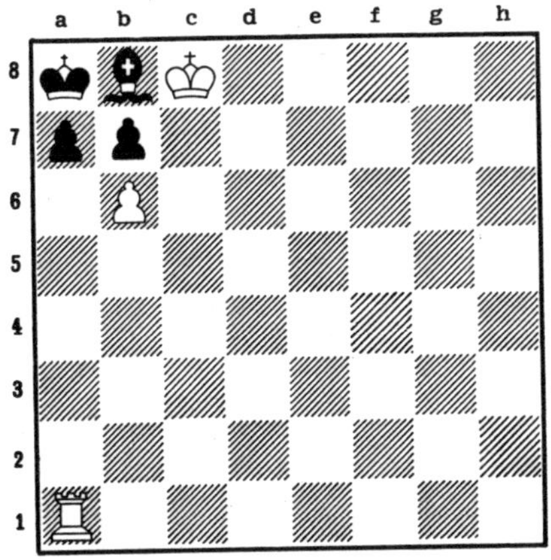

Ein Problem von Paul Morphy
(New Orleans, 1841—1887)
Matt in zwei Zügen

Beim direkten Mattproblem (es gibt auch »indirekte« Schachaufgaben wie Hilfsmatt oder Selbstmatt) zieht in der Regel Weiß an. Zeigen Sie einem Schachfreund diese Stellung, so wird er in der Regel nach einem »praktischen« Gewinnzug suchen, etwa 1. Ta3? Lh2?? 2. Ta7:#. Aber das wäre ja von Schwarz schwach verteidigt; Schwarz spielt natürlich 1. . . . a6! und Weiß kann die Forderung, im zweiten Zug mattzusetzen, nicht mehr erfüllen.

Übrigens — das Problemlösen ist sozusagen eine Soloarbeit des Lösers, denn er muß beim Lösen auch für den »Gegner«, also für Schwarz, die besten Gegenzüge selbst herausfinden.
Die Lösung der Aufgabe des amerikanischen Schachgenies heißt: 1. Ta1—a6! und nun ergeben sich zwei Möglichkeiten, zwei Varianten, je nachdem, wie Schwarz zieht: a) 1. ... b7×a6 2. b6—b7‡, oder b) 1. ... Lb8 beliebig 2. Ta6×a7‡. Das ist freilich eine leichte Aufgabe gewesen, und von Morphy auch eher als Schachscherz gedacht. Im allgemeinen sind die Neigungen zum Partieschach und zum Problemschach getrennt; wer aber das Problemschach achtlos beiseite schiebt, dem gehen ungeahnte schöne und spannende Stunden verloren!

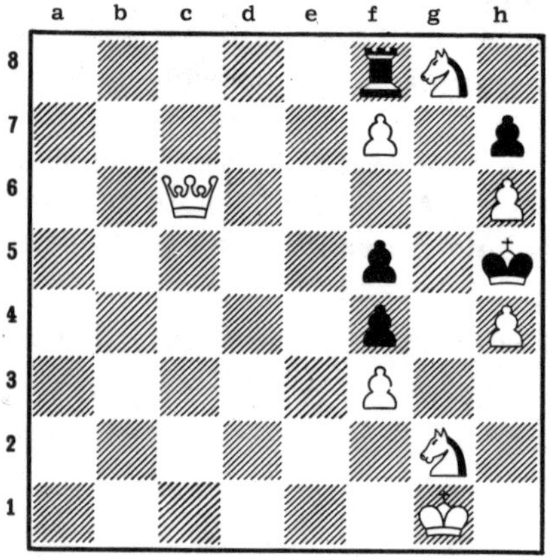

Aufgabe Nr. 1 von A. L. Kubbel
(Deutsches Wochenschach 1908)
Matt in zwei Zügen

Es darf immer nur einen ersten Zug von Weiß geben, der zur Lösung führt; führt noch ein anderer Zug ebenfalls zur Lösung in der gewünschten Zügezahl, ist die Aufgabe nebenlösig und wertlos.
Schauen wir uns die Lösung dieses Zweizügers an, die im Zug 1. Dc6—e8! besteht. Schwarz ist im »Zugzwang« (ein trefflicher Begriff aus der deutschen Sprache, der in viele Sprachen übernommen wurde — auch die Russen sagen und schreiben »Zugzwang«); das heißt, daß dem Schwarzen nichts droht — nur, weil er der Zugpflicht genügen muß, kommt Weiß zum Ziel: 1. ... Tfe8: 2. f7×e8L/D‡ ist einfach zu sehen. Aber so etwas macht natürlich kein Problem; der Witz liegt einzig in der Variante 1. ... Tf8×g8 2. f7×g8S!‡ Nur die Umwandlung in einen Springer ergibt matt, weil das Feld h6 dem König neu genommen werden muß. Zwei weitere Varianten: wenn 1. ... Kg6, dann 2. Sf4:‡, oder 1. ... Tf7: 2. Df7:‡

Was ist beim Lösen von Schachaufgaben zu beachten?

Wer sich noch wenig mit Problemschach beschäftigt hat, sollte diese Hinweise beachten:

1. Ein Problem ist eine künstlich konstruierte Stellung im Gegensatz zu einer Partiestellung, die sich aus dem praktischen Spiel zweier Partner ergibt.
2. Die Forderung Matt in 2 (3 oder mehr) Zügen besagt, daß Schwarz spätestens in der angegebenen Zügezahl mattgesetzt werden kann. Bei direkten Mattaufgaben ist Weiß am Zug.
3. Es darf nur *einen* ersten Zug von Weiß geben, der zur Lösung führt; man heißt ihn daher den Schlüsselzug. Das Matt muß auch gegen die beste Verteidigung von Schwarz erzwungen werden.
4. Verfügt Schwarz nach dem Schlüsselzug über mehrere Entgegnungen (Verteidigungen) — was eine Aufgabe bereichert —, so nennt man diese Wendungen Varianten.
5. Das Diagramm ist immer so gestellt, daß die weiße Partei direkt vorne (bei 1 beginnend), die schwarze in der unteren Hälfte des Diagramms (bei 8 beginnend) ihre Ausgangsstellung hat. Die weißen Bauern ziehen also immer *weg*, die schwarzen *her* zum Löser.
6. Als Schlüssel- oder Einleitungszug ist jeder sonst im Schach mögliche Zug erlaubt, also auch *Schachbieten* oder *Schlagen* eines Steines, wenn der Zug nur zu Matt führt! Aufgaben mit solchen Einleitungszügen bilden jedoch die Ausnahme, die dann künstlerisch begründet sein müssen (z. B. stiller 2. Zug). In der Regel ist der Lösungszug ein versteckter stiller Zug, zu dem der Normalspieler nur selten greifen würde. Meist ist die Lösungsidee verborgen, die dargestellte Kombination überraschend.

Erst sehen wir: Wo kann der schwarze König matt werden? In beiden Aufgaben sitzt der König bereits in der Ecke. In Nr. 2 ist das Matt Tg1 noch vom Bh2 geschützt (h2×g1). Der Versuch 1. Tg3—g2 droht zwar 2. Se2—g3‡, aber Schwarz pariert mit dem Läufer 1. ... Lc3—e1! (nicht 1. ... Le5? 2. Th8 Lh8: 3. Sg3‡, oder 2. Th8 Lf4 3. Tg1‡ — der Bh2 ist vom weißen Turm gefesselt) 2. Th8 Lh4! und Weiß hat kein Matt im 3. Zuge zur Hand.

Die Lösung verquickt alle diese Elemente mit 1. Tf8—h8! Droht 2. Tg3—g1‡, weil ja nun der h-Bauer auf h2 gefesselt bleibt und nicht mehr g1 schlagen kann! Schwarz hat zwei Möglichkeiten nach dem Schlüsselzug: 1. ... Lc3×h8. Dann folgt die Einsperrung des Läufers durch das zweite Turmopfer

Aufgabe Nr. 2 H. Meißner
(Sachovy Tiden 1938)

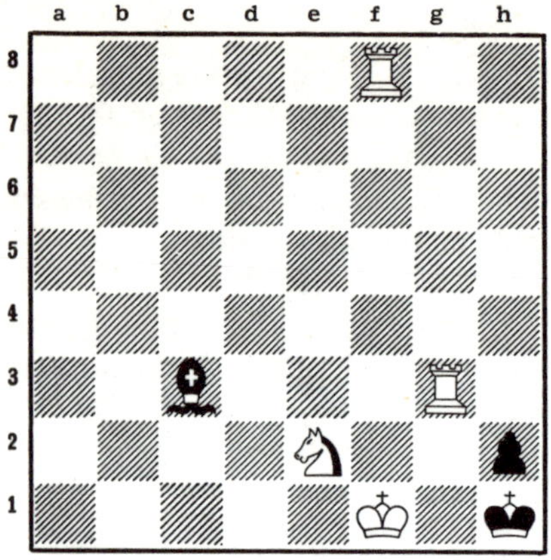

Matt in drei Zügen

Aufgabe Nr. 3 C. Wiehe
(National Tidende 1885)

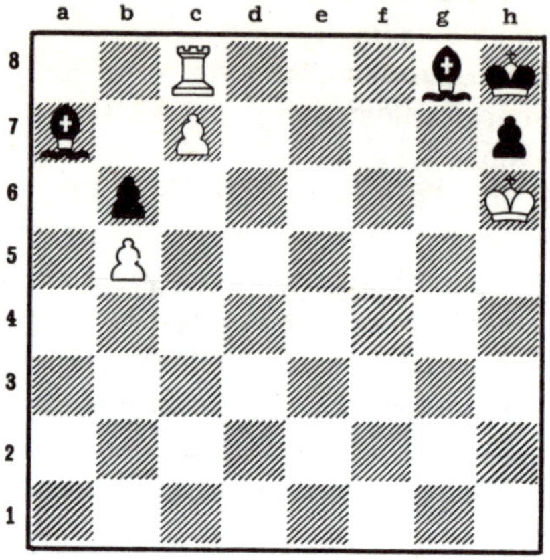

Matt in drei Zügen

2. Tg3—g7! Die Mausefalle ist zugeschnappt, auf 2. ... Lh8×g7 folgt das Matt durch 3. Se2—g3‡.

Eine Variante entsteht, wenn Schwarz im 1. Zug den Turm nicht schlägt, sondern 1. ... Lc3—d4 spielt. Danach folgt trotzdem 2. Tg3—g1+! Ld4×g1 3. Se2—g3‡!

Auch in Nr. 3 sitzt der König in der Ecke bereits patt. Wenn Schwarz zieht, bleibt ihm nur der Zug La7—b8; Weiß darf ihn dort nicht schlagen, weil Schwarz patt wäre. Der Aufhebung des Patts liegt das Thema der Aufgabe zugrunde: 1. Tc8—a8! La7—b8 2. c7×b8L! Weiß verwandelt nicht in Dame oder Turm, weil Schwarz dann ja patt wäre. Der auf b8 umgewandelte Läufer hebt das Patt auf: 2. ... Lg8 beliebig 3. Lb8—e5++ Doppelschach und matt!

Die Endspielstudie

In einer Endspielstudie, oder auch einfach Endspiel oder Studie genannt, ist keine bestimmte Zügezahl bis zum Gewinn verlangt. Es muß nur die Forderung vom Löser erfüllt werden, die entweder auf Gewinn oder auf Unentschieden lautet.

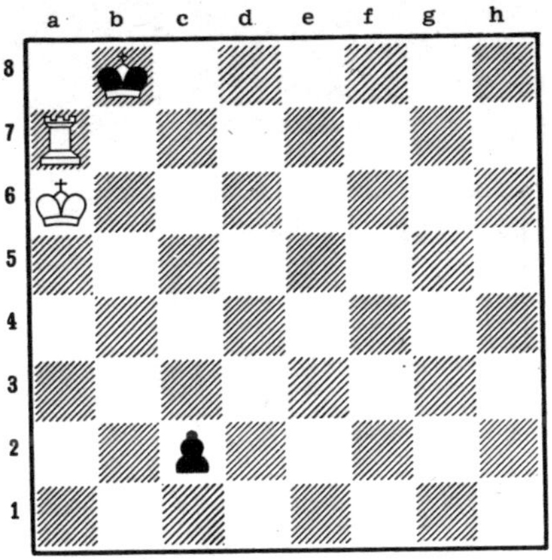

Endspielstudie Nr. 4
E. B. Cock (1864)
Weiß hält remis!

Die Ideen zu Studien sind entweder künstlich erdacht oder aus dem Inhalt einer gespielten Partie genommen, dann aber in gestraffter Form dargeboten.
In der Studie Nr. 4 steht der Bauer vor der Umwandlung zur Dame; wir sehen, daß der weiße Turm ihn auf keine Weise aushalten kann. Versuchen wir 1. Ta7—b7+ Kb8—c8 (nicht Ka8?? 2. Tc7! gewinnt). Nun bringt Weiß die rettende Pattidee an mit 2. Tb7—b5!! c2—c1D. Freilich gewinnt die Dame gegen den Turm, aber es kommt nicht dazu: 3. Tb5—c5+! Dc1×c5 und Weiß ist patt!

Abschließend zwei Aufgaben zum Selbstlösen:

Nr. 5 Th. Schuster
(Stuttgarter Zeitung 1956)

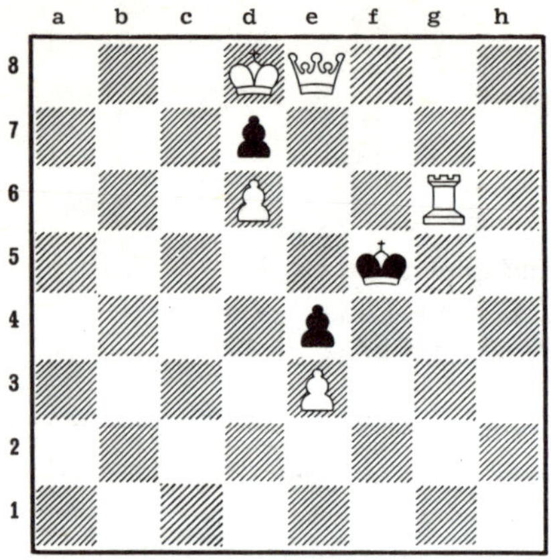

Matt in zwei Zügen

Nr. 6 Th. Schuster
(Funkillustrierte 1960)

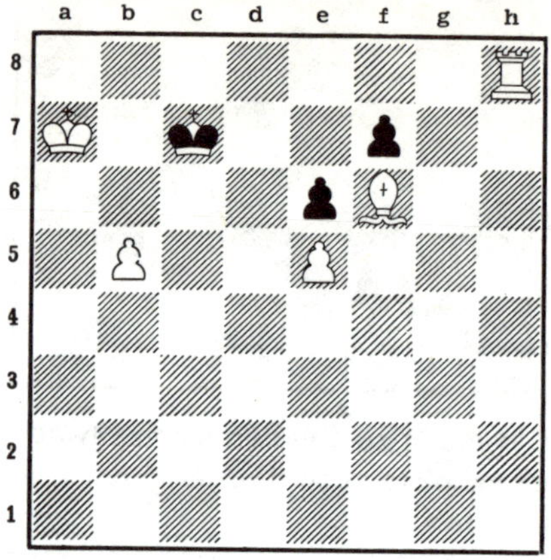

Matt in drei Zügen

Zwei sogenannte »Ideenprobleme«. In Nr. 5 wird der ungeübte Löser versuchen, mit Kraftzügen zum Ziel zu kommen wie 1. Df7+? Ke5 2.? (2. Tg5+ Kd6:!); Züge wie 1. Tg3 oder ähnlich ergeben nach 1. ... Kf6 kein Matt im zweiten Zug. Und nach 1. Th6? verteidigt sich Schwarz richtig mit 1. ... Kg4! Nur ein unnatürlich aussehender Zug führt zum Ziel. Nr. 6 zeigt die Indische Idee, ein Verstellungsmechanismus zweier ungleichschrittiger weißer Figuren. (Lösung am Schluß)

Der Weg zur Schachmeisterschaft

Vom Vereinsspieler zum Weltmeister

Wir sind am Ende unseres »Lehrgangs« angekommen. Sie haben nun das Rüstzeug, in der Familie, mit Freunden oder Bekannten eine Partie Schach zu spielen. Wenn Sie die Zugfolgen in den Kapiteln »Die Eröffnung«, in den »Tabellen zur Schachtheorie« und im Mittelspielabschnitt »Kombinationen — Herz des Schachspiels« Zug um Zug mehrfach nachgespielt haben, dann werden Sie schon bald ihre ersten Partien erfolgreich beenden können. Der unverbindliche Besuch eines Schachklubs ist sehr zu empfehlen, denn nur in Übung mit besseren Spielern ist ein rascher Fortschritt möglich. Wir haben schon gesagt, daß Ihre lokale Zeitungsredaktion die Adresse des nächstliegenden Schachklubs kennt und gerne Auskunft geben wird. Bei der Adresse des Deutschen Schachbundes können Sie jede weitere Auskunft erhalten: *6451 Groß-Krotzenburg, An der Hexeneiche 8.*

Auch ohne Schachverein und ohne Partner am Brett können Sie Schachturniere spielen. Es ist das »Fernschach«, das in der Bundesrepublik von 20 000 Schachspielern gespielt wird. Dabei teilen sich die Partner ihre Züge auf der »Fernschachpostkarte« mit. Ein Turnier mit zehn Spielern in einer der vielen Gruppen und Klassen dauert etwa ein halbes Jahr. Die Fernschachweltmeisterschaft erstreckt sich über alle Kontinente und dauert etwa zweieinhalb Jahre.

Wie in jeder Sportart werden auch beim Schach Turniere um regionale und Landesmeisterschaften ausgetragen. Der junge Spieler beginnt zunächst in der Kreisklasse, steigt in die Bezirksklasse auf, und beteiligt sich dann im folgenden Jahr am Vorturnier zur regionalen Landesmeisterschaft. Von etwa 20 Bewerbern können in der Regel die ersten Sechs in die Landesmeisterschaft aufsteigen. Der Sieger ist »Meister von ...« (Bayern oder Hessen usw.). Die nächste Stufe führt zur Teilnahme an der Deutschen Schachmeisterschaft, bei der die 16 bis 36 Teilnehmer aus den besten Spielern der einzelnen Bundesländer alle zwei Jahre gegeneinander antreten. Der Sieger ist »Meister von Deutschland«. Der Deutsche Schachbund nominiert seine Spitzenspieler für Internationale Turniere und für Ausscheidungsturniere des Weltschachbundes (FIDE). Im Turnus von drei Jahren wird die Weltmeisterschaft ausgetragen. Spieler, die in stark besetzten Turnieren gut abschneiden oder Sieger werden, erhalten vom Weltschachbund den

Titel »Internationaler Meister« oder als nächsthöhere Stufe den Titel »Internationaler Großmeister« verliehen.
Die Bundesrepublik besitzt im Augenblick sechs Spieler mit dem Großmeistertitel: W. Unzicker, L. Schmid, K. Darga, Dr. R. Hübner, H.-J. Hecht und Dr. H. Pfleger (von insgesamt 90 Großmeistern in der Welt). Unter den 90 Kulturnationen, die der FIDE angehören, nimmt die Bundesrepublik der Spielstärke nach etwa den 5.—7. Rang ein. Die Mannschaftsweltmeisterschaften (auch Schacholympiade bezeichnet), die alle zwei Jahre ausgetragen werden, sind dafür ein Gradmesser. Die Einzelweltmeisterschaft findet alle drei Jahre im Zweikampf statt; in weltweiten Qualifikationsturnieren wird der jeweilige Herausforderer ermittelt. Der Deutsche Dr. Emanuel Lasker hatte den Weltmeistertitel 27 Jahre lang von 1894 bis 1921. Er wurde 1921 vom Cubaner Capablanca abgelöst, der 1927 in Buenos Aires nach erbittertem Ringen in 34 Partien nach zwei Monaten Spieldauer den Weltmeistertitel an den Russen Aljechin abgeben mußte. Von 1948 bis 1972 stellten die Russen alle Weltmeister: Botwinnik, Smyslow, Botwinnik, Tal, wieder Botwinnik, Petrosjan, Spassky (1969—1972). In einem weltweites Aufsehen erregenden Match kam erstmals seit Paul Morphy (1841—1887) wieder ein Amerikaner zum Zug: das Schachphänomen Robert (Bobby) Fischer. In Reykjavik im Jahre 1972 lag Fischer zunächst mit 0 : 2 zurück, holte dann aber in faszinierenden Partien den Weltmeistertitel mit dem Ergebnis: +7, —3 (eine davon kampflos!), remis 10 Partien. Bobby Fischer wurde schon im Alter von 15 Jahren zum »Großmeister« ernannt, mit 29 Jahren wurde er Weltmeister. Der Lette Michael Tal errang den Titel 1960 im Alter von 24 Jahren. Am besten erlernt man das Schachspiel nicht älter als mit 15 Jahren, und ein Meister muß mit 21 bis 22 Jahren bereits zu den Spitzenspielern seines Landes zählen.
Da Fischer 1975 seinen Titel nicht verteidigte, wurde sein Herausforderer, der 24jährige Leningrader Student Anatoli Karpow, zum neuen Weltmeister proklamiert.

Lösung:

Schachaufgabe Nr. 5: 1. Kd8—e7! Kf5—e5 2. Tg6—g5‡. Auf den unsinnig aussehenden Schlüsselzug kommt man ganz zuletzt, denn Weiß schaltet mit dem Königszug die Wirkung seiner Dame aus. Aber nur mit diesem »Opfer der Wirkungskraft« (der bizzarre Zug ist der stärkste!) ist das Matt im 2. Zug zu erzwingen.

Schachaufgabe Nr. 6: 1. Th8—a8! Kc7—d7 2. Ka7—b8! In der »Indischen Aufgabe« wird erst das kritische Feld vom Turm überquert, im zweiten Zug besetzt die andere weiße Figur das Schnittpunktfeld b8, damit ist das Patt des schwarzen Königs aufgehoben: 2. ... Kd7—e8. Danach folgt das Abzugsmatt durch 3. Kb8—c7‡!

Das praxisnahe
Buchprogramm
mit 1000 Tips
für jedermann!

Falken Bücher

Verlagsverzeichnis in Kurzfassung

(Die Zahl vor dem Titel entspricht der Bestellnummer)

BRIEFSTELLER, GLÜCKWÜNSCHE UND REDEN

			DM
0060	**Der neue Briefsteller.** Von I. Wolter-Rosendorf, 112 Seiten	kart.	5,80
0231	**Musterbriefe für alle Gelegenheiten.** Herausgegeben von Olaf Fuhrmann unter Mitarbeit von H. Kirst und D. Kellermann, 248 Seiten	kart.	9,80
0114	**Privatbriefe – Behördenkorrespondenz.** Von I. Wolter-Rosendorf, 80 Seiten	kart.	4,80
0041	**Geschäftliche Briefe des Privatmannes, Handwerkers u. Kaufmannes.** Von A. Römer, 96 Seiten	kart.	5,80
0138	**Erfolgreiche Bewerbungsbriefe und Bewerbungsformen.** Von W. Manekeller, 88 S.	kart.	4,80
0173	**Die erfolgreiche Bewerbung.** Von W. Manekeller, 152 Seiten	kart.	8,80
0156	**Neue Glückwunschfibel.** Von R. Christian-Hildebrandt, 96 Seiten	kart.	4,80
0264	**Glückwünsche, Toasts und Festreden zur Hochzeit.** Von I. Wolter, 86 Seiten	kart.	4,80
0155	**Von der Verlobungsfeier bis zur goldenen Hochzeit.** Von B. Ulrici, 80 Seiten	kart.	4,80
0318	**Kindergedichte zur Grünen, Silbernen und Goldenen Hochzeit.** Von H. J. Winkler, 80 Seiten	kart.	4,80
0255	**Großes Buch der Glückwünsche.** Hrsg.: Olaf Fuhrmann, 240 S., Zeichn.	kart.	9,80
0277	**Glückwunschverse für Kinder.** Von Bettina Ulrici, 80 Seiten	kart.	4,80
0069	**Festreden und Vereinsreden.** Von K. Lehnhoff, 72 Seiten	kart.	4,80
0208	**Damenreden.** Von D. Kellermann, 96 Seiten	kart.	5,80

MEHR WISSEN UND KÖNNEN

0005	**Richtiges Deutsch in Schrift und Sprache.** Von A. Buchholz, 104 Seiten	kart.	5,80
0272	**Reden – Verhandeln – Diskutieren.** Von Georg Bauer, 112 Seiten	kart.	7,80
0076	**Die Redekunst, Redetechnik, Rednererfolg.** Von Kurt Wolter, überarbeitet von Dr. W. Tappe, 80 Seiten	kart.	4,80
0170	**Maschinenschreiben durch Selbstunterricht, Band I.** Von O. Fonfara, 84 S., Abb.	kart.	4,80
0252	**Maschinenschreiben durch Selbstunterricht, Band II.** Von Hanns Kaus, 84 S., Abb.	kart.	4,80
0274	**Tipps+Tapps.** Maschinenschreib-Fibel für Kinder. Von Hanns Kaus, 48 S., Abb.	kart.	3,80
0266	**Stenografie – leicht gelernt.** Von Hanns Kaus, 64 Seiten	kart.	5,80
0253	**Deutsch für Spanier.** Von Juan M. Puente, 136 Seiten	kart.	8,80
0254	**Deutsch für Italiener.** Von I. Nadalin, 156 Seiten	kart.	8,80
0261	**Deutsch für Jugoslawen (serbo-kroatisch).** Von I. Hladek/E. Richter, 132 Seiten	kart.	8,80
0262	**Deutsch für Türken.** Von B. I. Rasch/E. Richter, 136 Seiten	kart.	8,80
0263	**Deutsch für Griechen.** Von Dr. G. Tzounakis, 124 Seiten	kart.	8,80
0100	**Rechnen aufgefrischt.** Von H. Rausch, 108 Seiten	kart.	5,80
0127	**Buchführung leicht gefaßt.** Von R. Pohl, 104 Seiten	kart.	6,80
0224	**Trinksprüche, Richtsprüche, Gästebuchverse.** Von D. Kellermann, 80 S., Illustrat.	kart.	4,80

DEUTSCH – IHRE NEUE SPRACHE – ein Kursusprogramm für Ausländer

0327	**Deutsch, Ihre neue Sprache.** Grundbuch. Von H. J. Demetz und M. Puente, 212 S. mit etwa 200 Abb.	kart.	14,80
0328	**Deutsch, Ihre neue Sprache.** Lehrerheft	kart.	3,80
0329	**Italienisch.** Glossar	kart.	6,80
0330	**Spanisch.** Glossar	kart.	6,80
0331	**Serbo-Kroatisch.** Glossar	kart.	6,80
0332	**Türkisch.** Glossar	kart.	6,80
0333	**Griechisch.** Glossar	kart.	6,80
0334	**Portugiesisch.** Glossar	kart.	6,80
0335	**Arabisch.** Glossar	kart.	6,80

			DM
0336	**Englisch.** Glossar	kart.	6,80
0337	**Französisch.** Glossar	kart.	6,80
0338	**Tonband.** 13 cm, 9,5 cm/sec., 91 Min., Doppelspur		89,—
0339	**2 Compact-Cassetten.** 90 Min., einspurig		36,—
0340	**135 Diapositive.** Texterschließung der Lehreinheiten I–X		180,—

EHE UND FAMILIE

0251	**Vorbereitung auf die Geburt.** Schwangerschaftsgymnastik, Atmung, Rückbildungsgymnastik. Von Sabine Buchholz, 112 Seiten, 91 Fotos	kart.	6,80
0211	**Wie soll es heißen?** Von D. Köhr, 88 Seiten, Abbildungen	kart.	4,80
0287	**Kindergeburtstag.** Von Dr. Ilse Obrig, 104 S., 40 Abb., 11 Zeichn., Lieder mit Noten	kart.	5,80
0241	**Verse fürs Poesiealbum.** Von I. Wolter, 96 Seiten, 20 Abbildungen	kart.	4,80
0212	**Kleine Hochzeitsfibel.** Von I. Wolter, 96 Seiten, Abbildungen	kart.	6,80
0288	**Hochzeitszeitungen.** Von Hans-Jürgen Winkler, 104 S., 15 Abb., 1 Musterzeitung	kart.	5,80
0063	**Der gute Ton.** Von I. Wolter, 152 S., 38 Zeichn. und 8 Tabellen mit 28 Abb.	kart.	6,80
0046	**Erbrecht und Testament.** Von Dr. jur. H. Wandrey, 96 Seiten	kart.	6,80
0359	**Im Namen der Kinder.** Hrsg. Klaus Meynersen, 128 Seiten, 9 Abb.	kart.	5,—

SKETSCHE UND VORTRAGSBÜCHER

0247	**Sketsche.** Von M. Gering, 132 Seiten mit 16 Illustrationen	kart.	6,80
0091	**Vergnügliches Vortragsbuch.** Von J. Plaut, dem Altmeister des Humors, 192 Seiten	kart.	6,80
0188	**Die große Lachparade.** Von E. Müller, 108 Seiten	kart.	6,80
0149	**Lachen, Witz und gute Laune.** Von E. Müller, 104 Seiten	kart.	5,80
0157	**Humor für jedes Ohr.** Von H. Ehnle, 96 Seiten	kart.	5,80
0163	**Tolle Sachen zum Schmunzeln und Lachen.** Von E. Müller, 91 Seiten	kart.	5,80
0098	**So feiert man Feste fröhlicher.** Von Dr. Allos, 96 Seiten	kart.	5,80
0284	**Lustige Vorträge für fröhliche Feiern.** Von K. Lehnhoff, 96 Seiten	kart.	6,80
0130	**Karnevalsscherze und Büttenreden.** Von Dr. Allos, 136 Seiten	kart.	6,80
0216	**Narren in der Bütt.** Zusammengestellt von Th. Lücker, 112 Seiten	kart.	5,80
0354	**Damen in der Bütt.** Scherze, Büttenreden, Sketche. Von Traudi Müller. 120 S.	kart.	6,80
0304	**Helau und Alaaf.** Närrisches aus der Bütt. Von Erich Müller, 112 S.	kart.	6,80

WITZE

0175	**Starker Tobak — 2. Prise.** Von K. von Löcknitz, 96 Seiten, Geschenkband	gbd.	6,80
0220	**Der Stammtisch lacht.** Von D. Mann, 96 Seiten, Geschenkband	kart.	6,80
0260	**Wie hätten Sie's denn gern?** Frechheiten und Witze zum Herrenabend. Von Fred Warden, 104 Seiten, Geschenkband	gbd.	6,80
0285	**Ostfriesenwitze I.** Gesammelt und herausgegeben von Onno Freese, 80 Seiten	kart.	3,–
0286	**Ostfriesenwitze II.** Gesammelt von Enno van Rentjeborgh, 80 Seiten	kart.	3,–
0294	**Die Rache der Ostfriesen.** Von Peter Körner, 80 Seiten	kart.	3,—
0325	**Robert Lembkes Witzauslese.** 160 Seiten mit 10 Zeichn. von H. E. Köhler	gbd.	14,80

GESELLIGKEIT, DENKSPORT UND QUIZ

0120	**Fidelitas und Trallala.** Von Dr. Allos, 104 Seiten, viele Abbildungen	kart.	6,80
0200	**Wir lernen tanzen mit dem Ehepaar Fern.** Von Ernst und Helga Fern, 168 Seiten, 125 Fotos und viele Schrittdiagramme	kart.	8,80
0249	**Wir lernen Modetänze mit dem Ehepaar Fern.** Von E. Fern, 128 S., mit 109 Fotos	kart.	7,80
0165	**Lustige Tanzspiele und Scherztänze.** Von E. Bäulke, 80 Seiten, Abbildungen	kart.	4,80
0192	**Wir geben eine Party.** Von R. Christian-Hildebrandt, 84 S., 8 Kunstdrucktafeln, Abb.	kart.	5,80

DIE WELT ENTDECKEN

Hier helfen erfahrene Fachleute jungen Menschen „Die Welt entdecken". Zündende Themen, mit modernsten Erkenntnissen aufbereitete Sachinformationen, wirklichkeitsgetreue Farbabbildungen, dazu ein Modellbauanhang bzw. Anregungen zum eigenen Experimentieren in jedem Band verlocken den Jugendlichen, sich mit seinem Interessengebiet eingehend zu beschäftigen. Ein ausführliches Sachwortregister ermöglicht ihm, auch neue Gebiete zu erforschen.

Hunde
Best.-Nr. 8015

Vorfahren des Hundes – Wölfe und Schakale – Hundeverehrung – Spuren- und Jagdhunde – Erster Hund im Weltraum – Schoßhunde und Streuner – Hunde im Dienste des Menschen – Sheepdog Trials in Australien – Hüter und Wächter

Pferde
Best.-Nr. 8016

Wildpferde – Kriegsrösser – Zugpferde – Sattel und Zaumzeug – Wagenpferde – Rodeo und Zirkus – Pferdestärken – Rennen und Springreiten – Anhang

Das Wetter
Best.-Nr. 8014

Mythen und Magie – Luftdruck – Einfluß des Wetters auf das Leben – Winde und Wellen – Monsunregen – Fluten und Katastrophen – Wirbelstürme – Fronten und Tiefs – Jetstreams – Wettervorhersagen – Wettersatelliten

Leben und Materie unter dem Mikroskop
Best.-Nr. 8017

Die ersten Mikroskope – Miniatur-Leben – Zellen – Der menschliche Körper – Präparieren – Elektronenmikroskope – Industrieforschung – Aufklärung von Verbrechen – Metalle und Mineralien – Kleinfossilien – Projekte

Leben in der Urzeit
Best.-Nr. 8013

Ursprünge des Lebens – Aus dem Meer auf das Land – Reptilien – Dinosaurier – Erste Vögel – Die Entwicklung der Säugetiere – Die ersten Menschen, ihr Leben und ihre Waffen – Erforschung der Urzeit – Fossilienfunde und ihre Datierung

Weiterhin in dieser Reihe lieferbar:

Autos
Eisenbahnen
Flugzeuge
Schiffe
Ozeane
Weltraum
Umwelt
Das Erdinnere
Bewegliche Modelle
Kommunikationen
Der menschliche Körper
Altertum

Jeder Band DM 9,80

			DM
0362	**Denksport und Schnickschnack.** Von Jürgen Barto, 100 Seiten, 50 Abb.	kart.	6,80
0129	**Quiz.** Von R. Sautter, 96 Seiten	kart.	4,80
0246	**Großes Rätsel-ABC.** Von H. Schiefelbein, 416 Seiten, Efalin-Einband	gbd.	16,—
0182	**Rätsel lösen – ein Vergnügen.** Von E. Maier, 240 Seiten	kart.	9,80
0282	**Zaubertricks.** Von Jochen Zmeck, 244 Seiten, 115 Abbildungen	kart.	9,80

HOBBY – DO-IT-YOURSELF

0353	**Münzen.** Ein Brevier für Sammler. Von E. Dehnke, 128 S., viele Abbildungen	kart.	6,80
0291	**Freizeit mit dem Mikroskop.** Von Martin Deckart, 132 S., 60 Fotos u. 4 Zeichnungen	kart.	8,80
0322	**HiFi und Quadrophonie.** Von S. Spanger, 104 S., Abb.	kart.	7,80
0283	**Tonbandpraxis.** Von D. Pange, 84 Seiten, 15 Abbildungen	kart.	6,80
0342	**Schmalfilmen.** Von Uwe Ney. 100 S., viele Fotos, z. T. vierf., und Illustrationen	kart.	6,80
0320	**Häkeln und Makramee.** Von Dr. M. Stradal, 104 S., 243 Abb.	kart.	6,80
0205	**Stricken, häkeln, loopen.** Von Dr. M. Stradal, 96 Seiten, viele Abbildungen	kart.	5,80
0185	**Selbstschneidern – mein Hobby.** Von H. Wöhlert, 128 Seiten, Abbildungen	kart.	6,80
0183	**Moderne Basteleien für groß und klein.** Von I. Goldbeck, 84 S., viele Abbildungen	kart.	4,80
0269	**Das bunte Bastelbuch.** Von R. Scholz-Peters, 160 S., etwa 100 Abb., davon 40 farbig	kart.	8,80
0280	**Origami – die Kunst des Papierfaltens.** Von R. Harbin, 160 S., über 600 Zeichn.	kart.	8,80
0361	**Flugmodelle bauen und fliegen.** Von W. Thies/W. Rolf, 160 Seiten, ca. 90 Abb. und 5 Faltpläne	kart.	9,80
0243	**Heimwerker-Handbuch.** Basteln und Bauen mit elektrischen Heimwerkzeugen. Von Bernd Käsch, 192 Seiten mit 180 Fotos und Zeichnungen	kart.	9,80
0289	**Selbst tapezieren und streichen.** Von D. Heitmann u. J. Geithmann, 96 S., 49 Fotos	kart.	5,80

DIE WELT ENTDECKEN

Farbig ausgestattete Jugendsachbücher für das Alter ab 8 Jahren
Aufgenommen in die Auswahlliste des Deutschen Jugendbuchpreises:

8001	**Autos.** Von Robert Wyatt, 48 S., 150 größtenteils vierfarbige Abb.	Pbd.	9,80
8002	**Eisenbahnen.** Von Rixon Bucknall, 48 S., 126 größtenteils vierfarbige Abb.	Pbd.	9,80
8003	**Flugzeuge.** Von Kenneth Munson, 48 S., 132 größtenteils vierfarbige Abb.	Pbd.	9,80
8004	**Schiffe.** Von Brian Benson, 48 S., 119 größtenteils vierfarbige Abb.	Pbd.	9,80
8005	**Ozeane.** Von Keith Andrews, 48 Seiten, ca. 150 größtenteils vierfarbige Abb.	Pbd.	9,80
8006	**Weltraum.** Von Kenneth Gatland, 48 Seiten, ca. 150 größtenteils vierfarbige Abb.	Pbd.	9,80
8007	**Der Mensch und seine Umwelt.** Von A. Harris, 48 S., ca. 150 größtenteils vierf. Abb.	Pbd.	9,80
8008	**Die Erforschung des Erdinnern.** Von A. Davis, 48 S., ca. 150 größtenteils vierf. Abb.	Pbd.	9,80
8009	**Bewegliche Modelle zum Selbstbasteln.** Von H. T. Sutton, 48 S., über 150 Abb.	Pbd.	9,80
8010	**Kommunikationen.** Von J. Bear, 48 S., über 140 größtenteils vierf. Abb.	Pbd.	9,80
8011	**Der menschliche Körper.** Von J. Noel, 48 S., über 120 größtenteils vierf. Abb.	Pbd.	9,80
8012	**Altertum.** Von C. Goff, 48 S., über 120 größtenteilsl vierf. Abb.	Pbd.	9,80
8013	**Urzeit.** Von R.-A. Gale, 48 S., über 100 größtenteils vierf. Abb.	Pbd.	9,80
8014	**Das Wetter.** Von Bill Bailey, 48 Seiten, viele farbige Abb.	Pbd.	9,80
8015	**Hunde.** Von Rex Marchant, 48 Seiten, viele farbige Abb.	Pbd.	9,80
8016	**Pferde.** Von T. Webber, 48 Seiten, weit über 100, größtenteils vierfarbige Abb.	Pbd.	9,80
8017	**Mikroskop.** Von P. Kirkpatrick, 48 Seiten, über 100, größtenteils vierfarbige Abb.	Pbd.	9,80

SPORT

0065	**Jiu-Jitsu.** Von B. Kressel, 84 Seiten, 83 Abbildungen	kart.	5,80
0111	**Neue Kniffe und Griffe im Jiu-Jitsu/Judo.** Von E. Rahn, 84 Seiten, 142 Fotos	kart.	5,80
0314	**Karate für alle.** Von Albrecht Pflüger. 112 Seiten mit 354 Fotos	kart.	8,80
0227	**Karate – ein fernöstlicher Kampfsport Band I.** Von A. Pflüger, 136 Seiten mit über 200 Fotos und Zeichnungen	kart.	9,80
0239	**Karate — Band II.** Von A. Pflüger, 160 Seiten mit 254 Abbildungen	kart.	9,80
0248	**Aikido.** Modernste japanische Selbstverteidigung. Von Gerd Wischnewski, 132 Seiten, 250 Abbildungen	kart.	9,80
0347	**Taekwon-Do.** Von K. Gil, 152 S., 387 Fotos	kart.	12,80
0305	**Judo.** Grundlagen und Methodik. Von Mahito Ohgo, 204 S., etwa 1000 Fotos	kart.	14,80
0276	**Ju-Jutsu.** Waffenlose Selbstverteidigung. Von W. Heim/F.-J. Gresch, 155 S., Abb.	kart.	9,80
3043	**Ju-Jutsu im Bild.** Von Rolf-Jürgen Krutwig, 96 Seiten, 112 Abb.	gbd.	9,80
0352	**Judo.** Go Kyo-Kampftechniken. Von M. Ohgo, 152 S., über 400 Abb.	kart.	16,80
0233	**Sicher durch Selbstverteidigung.** Von A. Pflüger, 136 S., 310 Fotos u. Zeichnungen	kart.	7,80

FALKEN BUNTE WELT

Antiquitäten

(4105) herausgegeben von Peter Philp, übersetzt von Britta Zorn, 144 Seiten mit über 250 Abbildungen, davon ca. 75 vierfarbig, Format 21 x 29 cm, gebunden, DM 19,80

Edelsteine und Mineralien

(4102) Von I. O. Evans, deutsch von K. F. Hasenklever, 128 Seiten, 140 vierfarbige und schwarz-weiße Abbildungen, gebunden, DM 19,80

Indianer

(4106) Von Royal B. Hassrick, übersetzt von Friedrich Griese, 144 Seiten mit 200 Fotos, teils in Farbe, Format 21 x 29 cm, gebunden, DM 19,80

Feuerwaffen

(4101) Von Richard Akehurst, deutsch von Elisabeth Schwarz, 128 Seiten, 170 vierfarbige und schwarz-weiße Abbildungen, gebunden, DM 19,80

Wildtiere Europas

(4104) Von Maurice Burton. Deutsche Bearbeitung Michael Geisthardt, 172 Seiten, durchgehend vierfarbig mit 230 Abbildungen, gebunden, DM 24,–

Pferde

(4103) Von Judith Campbell, deutsch von Angelika Haug, 128 Seiten, 154 vierfarbige und schwarz-weiße, zum Teil nie veröffentlichte Fotos, gebunden, DM 19,80

Nr.	Titel	DM
0321	**Gesundheit und Spannkraft durch Yoga.** Von Dr. L. Frank und U. Ebbers, 120 Seiten, 50 Fotos	kart. 6,80
0341	**Yoga für Jeden mit Kareen Zebroff.** 142 Seiten, 135 Abb.	kart. 18,—
0349	**Yoga für Mütter und Kinder.** Von Kareen Zebroff, 128 Seiten, 139 Abbildungen	kart. 18,—
3039	**Kendo im Bild.** Japanisches Schwertfechten. Von Rolf-Jürgen Krutwig, 96 Seiten, 135 Abb.	gbd. 9,80
3035	**Reiten im Bild.** Von U. Richter, 124 S., 180 Abb., Großformat	gbd. 12,80
3041	**Eislauf im Bild.** Von Manfred Schnelldorfer, 124 S., 140 Fotos	gbd. 9,80
0279	**Basketball. Übungen und Technik für Schule und Verein.** Von Chris Kyriasoglou, 116 Seiten, 186 Fotos, 164 Zeichnungen	kart. 12,80
0351	**Volleyball.** Von H. Huhle, 102 S., 100 Abb.	kart. 9,80
0343	**Golf.** Von J. C. Jessop, 160 S., 50 Fotos	kart. 14,80
0350	**Bowling.** Von L. Belissimo, 144 S., Fotos	kart. 9,80
0191	**Fibel für Kegelfreunde.** Von G. Bocsai, 80 Seiten, über 60 Abbildungen	kart. 4,80
0271	**Beliebte und neue Kegelspiele.** Von G. Bocsai, 92 Seiten, Zeichnungen	kart. 4,80
0363	**Tischtennis modern gespielt.** Von O. Brucker/T. Harangozo, 120 Seiten, 65 Abb.	kart. 9,80
0198	**Angeln.** Von E. Bondick, 96 Seiten mit über 100 Abbildungen	kart. 4,80
0324	**Sportfischen.** Von Helmut Oppel, 144 Seiten mit Fotos, Abb. und Farbtafeln	kart. 8,80
0267	**Tauchen** – Grundlagen, Training, Praxis. Von W. Freihen, 136 Seiten, 50 Fotos	kart. 9,80
0316	**Segeln.** Von H. und L. Blasy, 112 Seiten, 54 Fotos und Abb.	kart. 6,80
0366	**Gesund und fit durch Gymnastik.** Von H. Pilss-Samek, 132 S. mit 150 Abb.	kart. 7,80
0367	**Kung Fu** – Grundlagen, Technik, mit 370 Fotos. Von Bruce Tegner, deutsche Bearbeitung von Albrecht Pflüger, 182 S.	kart. 14,80
0369	**Skischule.** Von Ch. und R. Kerler, 128 Seiten mit 100 Fotos	kart. 7,80

GARTEN, PFLANZEN, TIERE UND NATUR

Nr.	Titel	DM
0300	**Ikebana Band 1: Moribana.** Von Gabriele Vocke, 160 S., 40 Vierfarbtafeln, über 50 Schwarzweißfotos und Grafiken	Ppb. 19,80
0348	**Ikebana Band 2: Nageire.** Von G. Vocke, ca. 160 S., 32 Farbtafeln	Ppb. 19,80
0319	**Arbeitsheft zum Lehrbuch IKEBANA Bd. 1.** Von G. Vocke, 79 S., zahlreiche Grafiken	kart. 6,80
0275	**Der Rasen um unser Haus.** Von Inge Manz, 96 Seiten, Abbildungen	kart. 8,80
0199	**Fibel für Kakteenfreunde.** Von H. Herold, 92 Seiten, Farbtafeln	kart. 6,80
0245	**Die farbige Kräuterfibel.** Von I. Gabriel, 196 S., 144 Abb., davon 49 farbig	kart. 12,80
0215	**Das farbige Pilzbuch.** Von Keller-Kronberger, 132 Seiten, 105 farbige Abbildungen	gbd. 8,80
0009	**Das neue Hundebuch.** Von W. Busack, überarbeitet von Dr. Hacker, 64 Seiten, zahlreiche Abbildungen auf Kunstdrucktafeln	kart. 5,80
0346	**Hundeausbildung.** Von R. Menzel, 94 S., 18 Fotos	kart. 7,80
0073	**Der deutsche Schäferhund.** Von Dr. Hacker, 104 S., viele Abb. auf Kunstdrucktafeln	kart. 6,80
0153	**Das Süßwasser-Aquarium.** Von W. Baehr, 132 S., Zeichn. und mehrfarbige Tafeln	kart. 6,80
0281	**Das Meerwasser-Aquarium.** Von Hans J. Mayland, 146 S., 200 Abb., viele vierfarbig	kart. 9,80
0290	**Vögel.** Ein Beobachtungs- und Bestimmungsbuch. Von Dr. Winfried Potrykus, 120 Seiten, 176 Abbildungen davon 160 farbig	gbd. 9,80

ESSEN, TRINKEN UND HAUSHALT

Nr.	Titel	DM
0323	**Miekes Kräuter- und Gewürzkochbuch.** Von I. Persy und K. Mieke, 96 S., 8 Farbt.	kart. 6,80
0326	**Mikrowellen-Kochen.** Von Alexander Spoerl, 80 Seiten, Zeichn. und 8 Farbtafeln	kart. 6.80
0315	**Modern Kochen.** 104 Seiten, 8 Farbtafeln	kart. 6,80
0345	**Garen im Herd.** Von E. Exner, 96 S., 9 Farbtafeln	kart. 6,80
0317	**Computer-Menüs zum Schlankwerden.** Von Dr. Maria Wagner und Ulrike Schubert, 92 Seiten, mit vielen Tabellen	kart. 6,80
0364	**Alles mit Obst.** Von M. Hoff/B. Müller, 96 Seiten, 8 Farbtafeln	kart. 6,80
0360	**Schonkost heute.** Von M. Oehlrich/U. Schubert, 140 Seiten, 8 Farbtafeln	kart. 9,80
0344	**Gesünder essen.** Schonkost. Von H. Keil, 96 S., 9 Farbtafeln	kart. 6,80
0265	**Schnell gekocht – gut gekocht.** Von Irmgard Persy, 96 Seiten, vierfarbige Tafeln	kart. 6,80
0169	**Leckereien vom Spieß oder Grill.** Von J. Zadar, 80 Seiten, Abbildungen	kart. 5,80
0222	**88 köstliche Salate.** Von Chr. Schönherr, 104 Seiten, 8 Farbtafeln	kart. 6,80
0357	**Saucen.** Von Giovanni Cavestri, 96 S., 12 Farbtafeln	kart. 7,80
0365	**Fritieren – neu.** Von Marianne Bormio, 96 Seiten	kart. 6,80
0370	**Selbst Brotbacken.** Von Jens Schiermann, 80 Seiten	kart. 6,80
0356	**Tee für Genießer.** Von Marianne Nicolin, 64 S., 4 Farbt.	kart. 5,80
0075	**Cocktails und Mixereien.** Von J. Walker, 104 Seiten, Zeichnungen	kart. 4,80
0187	**Neue Cocktails und Drinks.** Von Chr. Taylor, 84 Seiten, Zeichnung., Geschenkband	kart. 6,80

Falken farbig

Falken-farbig ist eine Auswahl praktischer und preiswerter Gebrauchsbücher, mit herrlichen Farbbildern ausgestattet. Die Titel sind besonders zum Verschenken geeignet: Für Freunde und Kollegen, für anspruchsvolle Liebhaber schöner Dinge, für Spezialisten und Hobbyisten.

Oldtimer
Von H. P. Tillenburg. Geb., DM 9,80
64 Seiten, über 50 Farbabb., Best.-Nr. 5019

Desserts und süße Leckerbissen
Von Margit Gutta. Geb., DM 9,80
64 Seiten, 38 Farbabb., Best.-Nr. 5020

Kakteen
Von Werner Hoffmann. Geb., DM 9,80
64 Seiten, 67 Farbabb., Best.-Nr. 5021

Österreichische Küche
Von Helga Holzinger. Geb., DM 9,80
64 Seiten, 35 Farbabb., Best.-Nr. 5022

Zimmerpflanzen
Von Inge Manz. Geb., DM 9,80
64 Seiten, 98 Farbabb., Best.-Nr. 5010

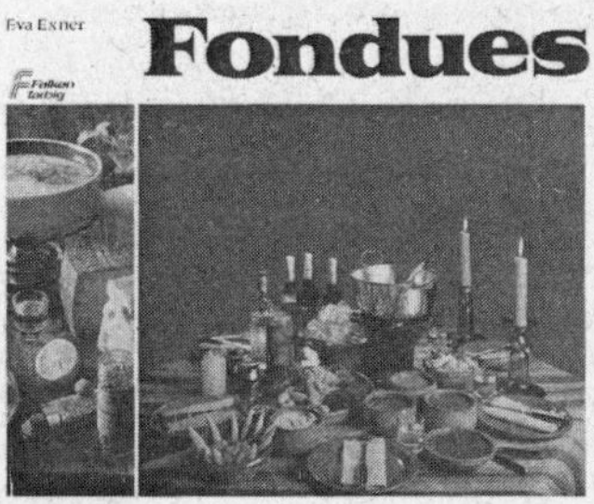

Fondues
Von Eva Exner. Geb., DM 9,80
64 Seiten, 20 Farbabb., Best.-Nr. 5006

Weiterhin sind in dieser Reihe erschienen:

für Hobbyköche und Genießer:

Grillen (Best.-Nr. 5001)
Salate (Best.-Nr. 5002)
Der schön gedeckte Tisch (Best.-Nr. 5005)
Chinesisch kochen (Best.-Nr. 5011)
Kalte Platten (Best.-Nr. 5015)
Französisch kochen (Best.-Nr. 5016)
Mixen (Best.-Nr. 5017)

für Garten- und Blumenfreunde:

Gärtnern für Anfänger (Best.-Nr. 5004)
Blumenpracht im Garten (Best.-Nr. 5014)

für Hobby und Freizeit:

Aquarienfische (Best.-Nr. 5003)
Heiße Öfen (Best.-Nr. 5008)
Segeln (Best.-Nr. 5009)
Die Selbermachers renovieren ihre Wohnung (Best.-Nr. 5013)
Tanzstunde (Best.-Nr. 5018)

für Kinder:

Lirum, larum, Löffelstiel (Best.-Nr. 5007)
Zeichnen und malen leicht gemacht (Best.-Nr. 5012)

GESUNDHEIT UND SCHÖNHEIT

		DM
0110	**Fibel für Zuckerkranke.** Von Dr. med. Th. Kantschew, 132 S., Zeichn. und Tab.	kart. 6,80
0106	**Die Leber- und Gallenleiden.** Von Dr. med. W. Rohrbach, Dr. med. F. Hube. 72 S.	kart. 6,80
0259	**Gesund und schön.** Kosmetikbrevier für die moderne Frau. Von Johanna Gottschalk, 120 Seiten, etwa 80 Zeichnungen und Fotos	kart. 6,80

KARTEN-, UNTERHALTUNGS- UND ANDERE SPIELE

0095	**Neues Buch der Kartenspiele.** Von K. Lichtwitz, 84 Seiten	kart. 4,80
0206	**Das Skatspiel.** Von K. Lehnhoff, bearbeitet von Alt-Skatmeister P. A. Höfges, 96 S.	kart. 4,80
0141	**Die Bridge-Fibel.** Von H. Landsberg, 144 Seiten	kart. 9,80
0104	**Das Schachspiel.** Von W. Wollenschläger, 72 Seiten, Diagramme	kart. 4,80
0219	**Taktik und Probleme des Schachspiels.** Von R. Teschner, 96 Seiten, viele Schachdiagramme	kart. 5,80
0121	**Roulette richtig gespielt.** Von M. Jung, 96 Seiten, zahlreiche Tabellen	kart. 6,80
0270	**Spiele für zwei Personen.** Von I. Wolter, 148 Seiten, viele Zeichnungen	kart. 6,80
0202	**Spiele für unsere Kleinen.** Von D. Kellermann, 84 Seiten, Skizzen und Noten . .	kart. 4,80

FALKEN FARBIG

5001	**Grillen.** Von Inge Zechmann, 64 Seiten, 38 Farbabb.	gbd. 9,80
5002	**Salate.** Von Inge Zechmann, 64 Seiten, 47 Farbabb.	gbd. 9,80
5003	**Aquarienfische des tropischen Süßwassers.** Von Hans J. Mayland, 64 Seiten, 98 Farbabb.	gbd. 9,80
5004	**Gärtnern für Anfänger.** Von Inge Manz, 64 Seiten, 38 Farbabb.	gbd. 9,80
5005	**Der schön gedeckte Tisch.** Von R. Stender, 64 S., 62 Farbabbildungen	gbd. 9,80
5006	**Fondues.** Von Eva Exner, 64 Seiten, 20 Farbabbildungen	gbd. 9,80
5007	**Lirum, larum Löffelstiel.** Ein Kinderkochkursus. Von I. Becker, 64 Seiten, 50 vierfarbige Abb. und Illustrationen, Spiralheftung	kart. 7,80
5008	**Heiße Öfen.** Von H. Briel, 64 S., 63 Farbabb.	gbd. 9,80
5009	**Segeln.** Von Horst Müller, 64 S., 40 Farbabb.	gbd. 9,80
5010	**Zimmerpflanzen.** Von I. Manz, 64 S., 98 Farbabb.	gbd. 9,80
5011	**Chinesisch kochen.** Von K.-H. Haß, 64 S., 33 Farbabb.	gbd. 9,80
5012	**Zeichnen und malen leicht gemacht.** Von C. Timm, 64 S., 120 Farbabb.	gbd. 9,80
5013	**Die Selbermachers renovieren ihre Wohnung.** Von W. Köhnemann, 148 S., viele Farbabb.	kart. 14,80
5014	**Blumenpracht im Garten.** Von Inge Manz, 64 Seiten, 93 Farbabb.	gbd. 9,80
5015	**Kalte Platten — Kalte Büfetts.** Von Margit Gutta, 64 Seiten, 33 Farbabb.	gbd. 9,80
5016	**Französisch kochen.** Von Margit Gutta, 64 Seiten, 35 Farbabb.	gbd. 9,80
5017	**Mixen mit und ohne Alkohol.** Von Holger Hofmann, 64 Seiten, 35 Farbabb. . . .	gbd. 9,80
5018	**Tanzstunde.** Von Gerhard Hädrich, 118 Seiten, ca. 370 Fotos und Schrittskizzen .	gbd. 15,–
5019	**Oldtimer.** Die technische Entwicklung des Autos. Von H. P. Tillenburg, 64 Seiten, über 50 Fotos	gbd. 9,80
5020	**Desserts und süße Leckerbissen.** Von M. Gutta, 64 Seiten mit 38 Farbabb.	gbd. 9,80
5021	**Kakteen. Herkunft, Anzucht, Pflege.** Von Werner Hoffmann, 64 Seiten mit 67 Farbabbildungen	gbd. 9,80
5022	**Österreichische Küche.** Von Helga Holzinger, 64 Seiten mit 35 Abb.	gbd. 9,80

FALKEN + ASS

2001	**Kartenspiele.** Von C. D. Grupp, 144 Seiten	kart. 7,80
2002	**Spielend Schach lernen.** Von Th. Schuster, 128 Seiten	kart. 6,80
2003	**Patiencen in Wort und Bild.** Von I. Wolter, 136 S.	kart. 7,80
2004	**Spieltechnik im Bridge.** Von V. Mollo / N. Gardener, deutsche Adaption von D. Schröder, etwa 200 Seiten	kart. 16,80
2005	**Alles über Skat.** Von G. Kirschbach, 144 Seiten	kart. 7,80
2006	**Gesellschaftsspiele für drinnen und draußen.** Von Heinz Görz, 128 S.	kart. 6,80
2007	**Würfelspiele.** Von Friedrich Pruss, 112 Seiten	kart. 6,80
2008	**Backgammon für Anfänger und Könner.** Von G. W. Fink und G. Fuchs, 112 Seiten, viele Zeichnungen	kart. 9,80
2009	**Kinderspiele, die Spaß machen.** Von H. Müller-Stein, 112 Seiten mit vielen Abb.	kart. 6,80
2010	**Kartentricks.** Von T. A. Rosée, 80 Seiten, viele Zeichnungen	kart. 5,80

Falken Sachbücher

FAMILIE UND FREIZEIT

Das Aquarium
Einrichtung, Pflege und Fische für Süß- und Meerwasser
352 Seiten mit über 200 Farbabbildungen und Farbtafeln sowie 150 Zeichnungen und Skizzen
DM 36,– (Best.-Nr. 4029)

Moderne Fotopraxis
Bildgestaltung · Aufnahmepraxis · Kameratechnik · Fotolexikon
360 Seiten mit über 200 Abbildungen, davon 50 vierfarbig
DM 29,80 (Best.-Nr. 4030)

Der praktische Hausarzt
768 Seiten, über 550 Abbildungen und 16 Farbtafeln
DM 19,80 (Best.-Nr. 4011)

Ikebana-modern
Die Kunst des Blumenarrangierens
168 Seiten, davon 40 ganzseitige Vierfarbtafeln und viele Zeichnungen, DM 36,– (Best.-Nr. 4031)

Großes Kräuter- und Gewürzbuch
608 Seiten, 40 Farbtafeln und etwa 300 Abbildungen, gebunden DM 26,– (Best.-Nr. 4026)
Eine Zusammenstellung von über 300 Kräutern und ihre Anwendung als Heilpflanzen und Gewürze

Zeitgemäße Beschäftigung mit Kindern
512 Seiten, 16 Farbtafeln, DM 29,80 (Best.-Nr. 4025)

Basteln und werken
mit tesa – farbenfroh und kinderleicht
256 Seiten, über 300 vierfarbige Abbildungen, Pappband,
DM 22,– (Best.-Nr. 4018)

DIE GROSSEN FALKENBÜCHER

4003 **Ich bekomme ein Kind**

Von Ursula Klamroth und Wibke Bruhns unter Mitarbeit mehrerer Fachärzte. 268 Seiten, 90 Fotos und 32 Grafiken, gbd., vierfarbiger Schutzumschlag, DM 16,80

4009 **Großes Buch festlicher Reden und Ansprachen**

Eine Mustersammlung insbesondere für öffentlich-rechtliche und wirtschaftliche Veranstaltungen. Unter Mitwirkung zahlreicher Fachautoren, herausgegeben von Dipl.-Kfm. Frank Sicker. 448 Seiten, Lexikon-Format, Ganzleinen gebunden. DM 34,–

4011 **Der praktische Hausarzt**

Ein hausärztlicher Ratgeber. Unter Mitarbeit vieler Fachärzte koordiniert von Dr. Eric Weiser. 700 Seiten, über 500 Fotos und Zeichnungen sowie 16 mehrfarbige Bildtafeln. Format 17 x 24 cm, Festband, cellophanierter Schutzumschlag, DM 19,80.

Aus dem Inhalt: Bau und Funktion des menschlichen Körpers – Gesunde Lebensweise – Natürliche Hygiene des Geschlechts- und Ehelebens – Gesundheitspflege der Frau, des Säuglings und Kindes – Der kranke Mensch und seine Behandlung – Das Naturheilverfahren und praktische Ratschläge für Krankheit und Unfall – Erste Hilfe bei Unfällen – Die verschiedenen Diätformen.

4013 **Judo – Grundlagen des Stand- und Bodenkampfes**

Geschlossener Lehrgang sämtlicher Judo-Techniken von W. Hofmann. 228 Seiten, fast 600 Fotos, Großformat, gebunden DM 26,–

Wolfgang Hofmann ist Deutschlands erfahrenster Judo-Fachmann. Nach 12 deutschen und 3 Europa-Meisterschaften krönte er seine sportliche Laufbahn mit der Silbermedaille bei der Olympiade in Tokio.

4014 **Moderne Korrespondenz**

Von H. Kirst und W. Manekeller. 568 Seiten, gebunden DM 36,–

Durch bessere Briefe mehr Erfolg! Hier liegt der umfassende Ratgeber aus der Praxis für die Praxis unter Berücksichtigung aller Formen und DIN-Normen vor.

4015 **Umgangsformen heute**

Die Empfehlungen des Fachausschusses für Umgangsformen. 308 Seiten, ca. 150 Fotos und 50 Abbildungen, gebunden, DM 24,–

4018 **Basteln und werken mit tesa**

Farbenfroh und kinderleicht. Von Friedericke Baresel-Anderle. 256 Seiten, über 300 vierfarbige Abbildungen, Pappband, DM 22,–

Über 200 Bastelanleitungen für die verschiedensten Materialien: Papier, Karton, Pappe, Filz, Leder, Holz, Kreide, Draht und Metall sowie für Materialien aus der Natur und dem Haushalt.

4022 **Der große Rätselknacker**

Über 100 000 Rätselfragen. Zusammengestellt von H.-J. Winkler, 544 Seiten, Lexikonformat, kart. DM 19,80

4024 **Flugzeuge**

Von E. Angelucci, deutsche Bearbeitung von Edouard Schartz. 288 Seiten, viele Farbabbildungen, Balacron-gbd. DM 36,–
1000 Maschinen aus aller Welt mit sämtlichen technischen Daten – vom ersten Fluggerät bis zum Überschalljet.

4025 **Zeitgemäße Beschäftigung mit Kindern**

Von Ingeborg Rathmann. 496 Seiten, über 400 Abb., gebunden DM 29,80
Vielfältige Anregungen zum Spielen, Lernen und zur Unterhaltung für kleine und große Kinder.

4026 **Großes Kräuter- und Gewürzbuch**

Von Heinz Görz. 648 Seiten, über 200 Zeichnungen, farbig, geb. DM 26,–
Heilkräuter-Erkennung und ihre Anwendung, Gewürzgewinnung, Lagerung und Verarbeitung. Mit vielen Rezepten.

4027 **Preiswert kochen**

Von Eva Exner, 208 Seiten, 8 Farbtafeln, geb. DM 19,80
400 Rezepte und praktische Tips für sparsame Hausfrauen. Ratschläge für Vorratshaltung, Resteverwertung und preisgünstige Sonderangebote je nach Jahreszeit.

4028 **Karate-Do**

Das Handbuch des modernen Karate.
Von Albrecht Pflüger, 360 Seiten, über 1100 Abb., geb. DM 28,–
Eine umfassende und mit über 1100 Abbildungen illustrierte Darstellung des modernen Karate für Anfänger, Fortgeschrittene und Meister.

4029 **Das Aquarium**

Einrichtung, Pflege und Fische für Süß- und Meerwasser. Von Hans J. Mayland, 352 Seiten mit über 200 Farbabbildungen und Farbtafeln sowie 150 Zeichnungen und Skizzen, Format 19,5 x 21 cm, Balacron mit vierfarbigem Schutzumschlag, abwaschbare Polyleinprägung, DM 36,–

4030 **Moderne Fotopraxis**

Bildgestaltung – Aufnahmepraxis – Kameratechnik. Fotolexikon. Von Wolfgang Freihen, 360 Seiten mit über 200 Abbildungen, davon 50 vierfarbig, Format 19,5 x 21 cm, Balacron mit vierfarbigem Schutzumschlag, abwaschbare Polyleinprägung, DM 29,80

4031 **Ikebana modern**

Die Kunst des Blumenarrangierens. Von G. Vocke, 168 S., davon 40 ganzseitige Vierfarbtafeln und viele Zeichnungen, Format 21 x 26 cm. Ganzleinen mit vierfarbigem, cellophaniertem Schutzumschlag, DM 36,–

FALKEN BUNTE WELT

4101 **Feuerwaffen**

Von Richard Akehurst. 128 Seiten, 170 vierfarbige und schwarz-weiße Abbildungen, gebunden DM 19,80

4102 **Edelsteine und Mineralien**

Von I. O. Evans, 128 Seiten, 140 vierfarbige und schwarz-weiße Abbildungen, gebunden DM 19,80

4103 **Pferde**

Von Judith Campbell. 140 Seiten, 154 vierfarbige und schwarz-weiße Abbildungen, gebunden DM 19,80

4103 **Wildtiere Europas**

Von Maurice Burton, deutsche Bearbeitung Michael Geisthardt, 172 Seiten, 230 farbige Abbildungen, geb. DM 24,–

Die heute in Europa in freier Natur lebenden Tiere werden in einer Fülle prächtiger vierfarbiger Bilder vorgestellt.

4105 **Antiquitäten**

Von Peter Philp. 144 Seiten mit über 250 Abbildungen, davon ca. 75 vierfarbig, gebunden, DM 19,80

4106 **Indianer**

Von Royal B. Hassrick, 144 Seiten mit 200 Fotos, teils in Farbe, geb., DM 19,80

Wilhelm Busch-Ausgaben

3028	**Wilhelm-Busch-Album.** 405 Seiten, 1700 farbige Abb.	Ln.	DM 36,–
3062	**Humoristischer Hausschatz.** Von W. Busch, 368 S., 1600 Abb.	gbd.	DM 16,80
3032	**Kritik des Herzens.** Von W. Busch, 100 Seiten	gbd.	DM 9,80
3034	**Schein und Sein.** Gedichte, von W. Busch, 114 Seiten	Ln.	DM 9,80

Sonderausgaben

9041	**Das große Gartenbuch.** Von J. K. Gassner. 320 Seiten, viele ein- und mehrfarbige Abbildungen. Großformat.	gbd.	DM 12,80
9038	**Gut kochen.** Von Stefanie Michael. Über 500 Rezepte mit genauer Kalorienangabe auf 230 Seiten mit 16 Farbtafeln. . . .	gbd.	DM 9,80

Falls durch Preiserhöhungen der Lieferanten Änderungen erforderlich werden, erfolgt Auftragserledigung zu dem bei Lieferung gültigen Preis.

Alle hier genannten Preise entsprechen dem Stand bei Drucklegung dieses Verzeichnisses.

FALKEN-VERLAG · NIEDERNHAUSEN/TAUNUS

BESTELLSCHEIN (Bitte ausschneiden und als Briefdrucksache frankiert im Umschlag einsenden)

Ich bestelle hiermit aus dem Falken-Verlag Erich Sicker KG, Postfach 1120, 6272 Niedernhausen/Ts., durch die Buchhandlung:

.... Ex. ....

.... Ex. ....

.... Ex. ....

.... Ex. ....

.... Ex. ....

Name: .... Ort: ....

Beruf: .... Straße u. Nr. ....

Datum: .... Unterschrift: ....